영어 철자의 세계

영어 철자의 세계

문안나 · 김명숙 공저

한국문화사

 서문

　영어가 이제 세계어 혹은 공용어의 위치에 올랐다는 것은 그 누구도 부인할 수 없다. 과거보다는 훨씬 더 자주 영어를 접하게 되면서, 학교나 직장뿐만 아니라 일상생활에서도 영어를 많이 말하고 쓰게 되면서, 대부분의 사람이 품게 되는 궁금증, 혹은 쉽게 풀리지 않는 수수께끼 가운데 하나는 영어가 음소문자인 알파벳을 사용하면서도 소리와 문자 사이에 너무나 큰 차이를 보이고 있다는 것이다. 즉, 알파벳 체계라면 기본적인 전제라고 볼 수 있는 소리와 문자 사이의 일대일 대응관계가 잘 지켜지지 않고 있다.
　이러한 문제에 대해 영어의 역사적인 변화라는 시각에서 접근해보면 아마도 게르만어인 영어가 로만 알파벳 문자를 사용하면서부터 이미 영어에서의 철자와 발음의 갈등은 피할 수 없는 운명을 가졌기 때문이었는지도 모른다. 그뿐만 아니라 천오백 년에 걸쳐 영어가 겪은 수많은 역사적인 사건들과 차용어들의 영향은 영어철자의 원래 모습을 완전히 새롭게 바꾸어놓았고, 반면 언어의 가장 기본적인 특징인 음 변화는 그대로 계속되면서 그 갈등은 더욱 심각해지게 되었다. 그러나 현대 언어학의 대가인 촘스키와 할레처럼 영어는 이러한 비일관적이나 예외적인 모습에도 불구하고 나름대로 최적의 철자체계를 가진 언어라고 말하는 사람들도 많다.

이 책은 영어의 철자체계에 대해 가지게 되는 궁금증을 풀어주기 위한 내용을 담고 있다. 저자들은 영어의 역사, 특히 음 변화를 연구해 왔으며 오래전부터 영어 철자체계에 관해 관심을 가져왔다. 규칙적이면서도 변칙적이고, 일률적이면서도 다양한 모습을 보이는 영어 철자체계에 대한 몇 년간에 걸친 자료 수집과 공동 집필 작업을 통해 국내 학계에서는 처음으로 영어의 철자체계의 과거와 현재와 미래를 아우르는 내용을 담은 저서를 출판하게 되었다.
　책의 내용은 다음과 같이 구성되어 있다. 서론인 1장에서는 영어의 철자체계의 불규칙성과 철자의 중요성을 간략하게 논의한다. 2장에서는 영어의 철자체계의 기본인 알파벳의 탄생에서부터 시작해서 영어의 시작점이라고 볼 수 있는 고대영어, 중세영어, 그리고 초기현대영어에서의 철자의 역사적 변화를 시기별로 살펴보고, 3장에서는 현대영어시기로 들어서면서 영국과 미국에서 거세게 일어났던 철자개혁의 내용을 살펴봄으로써 영어의 철자체계가 과거 천오백 년 동안 걸어온 변화의 길을 다시 짚어보고 있다. 4장에서는 오늘날 현대영어에서 영국영어와 미국영어 철자의 차이에는 어떤 것이 있으며 그 원인이 무엇인지 살펴본다. 4장까지의 격동의 변화를 넘어서서 안정적인 단계에 들어서고 있는 현대영어에서의 철자 특징은 5장과 6장 두 장에 걸쳐 설명된다. 특히 최근의 영어에서 볼 수 있는 철자의 특징과 함께 철자에 영향을 주는 요소도 자세하게 제시된다. 7장은 이 책의 결론으로 미래의 철자에 대한 전망을 간략하게 기술하며 마무리한다.

  이 책을 집필할 때, 반드시 영어를 전공으로 하는 대학생들만 읽도록 전공교재로 만들기보다는 이 분야에 관심이 있는 일반 독자들도 흥미롭게 읽을 수 있으면 좋겠다는 희망을 가지고 보다 쉽게 설명하려고 노력했다. 따라서 책의 내용은 부분적으로 우리의 영어 사용 현실에서 부딪칠 수 있는 흥미로운 내용을 담고 있기도 하고, 부분적으로는 과거를 돌아보는 보다 진지한 내용을 담고 있기도 하다. 특히 5장과 6장에서는 현대영어에서의 철자 특징에 대한 내용을 실제 자료와 함께 다양하게 다루고 있으므로 영어 전공생들뿐만 아니라 일반 독자들도 재미있게 읽을 수 있으리라 기대해본다. 더불어 이 책이 영어의 철자체계에 대한 더 높은 수준의 이해와 관심을 촉진하는 역할을 담당하기를 희망한다.

문안나, 김명숙

 차례

■ 서문 / V

제1장 **철자의 중요성**   1
    1.1 영어 철자의 불규칙성   4
    1.2 영어 철자와 강세   9
    1.3 영어 철자와 발음 차이의 원인   11
    1.4 철자는 왜 중요한가?   12

제2장 **영어철자의 역사적 변화**   17
    2.1 문자의 종류와 알파벳의 탄생   19
    2.2 고대영어 철자   24
    2.3 중세영어 철자   28
    2.4 초기현대영어 철자   35

제3장 **철자개혁**   41
    3.1 철자개혁의 필요성   44
    3.2 철자개혁 이전의 움직임   46
    3.3 미국과 영국에서의 철자개혁   53
    3.4 철자개혁에 대한 찬성과 반대   64

제4장 영국영어와 미국영어의 철자   69

    4.1 ⟨-our⟩와 ⟨-or⟩   72

    4.2 ⟨-re⟩와 ⟨-er⟩   74

    4.3 ⟨-ence⟩와 ⟨-ense⟩   76

    4.4 ⟨-se⟩와 ⟨-ze⟩   77

    4.5 ⟨-ogue⟩와 ⟨-og⟩   79

    4.6 ⟨-ae-/-oe-⟩와 ⟨-e-⟩   80

    4.7 묵음 ⟨e⟩   82

    4.8 자음의 겹철자   83

    4.9 기타   87

제5장 현대영어 철자의 특징 I   91

    5.1 자르기(Clipping): 절단어   94

    5.2 잘라 합치기(Blending): 혼성어   106

    5.3 첫 글자 모아쓰기(Abbreviating): 약어   119

제6장 현대영어 철자의 특징 II   139

    6.1 발음대로 철자하기(Pronunciation Spelling)와
       철자로 발음 표기하기(Pronunciation Respelling)   142

    6.2 문자메시지(텍스팅, Texting)   151

    6.3 철자오류(Misspelling)   168

제7장 미래의 영어 철자   185

- 참고문헌 / 193
- 찾아보기 / 201

제1장

철자의 중요성

1.1 영어 철자의 불규칙성
1.2 영어 철자와 강세
1.3 영어 철자와 발음의 차이의 원인
1.4 철자는 왜 중요한가

언젠가 서울에 있는 한 음식점 메뉴판에서 다음과 같은 영어 문장을 본 적이 있었다. 'Repeel Free' 아마도 음료수를 주문했을 때 두 번째 잔은 무료로 제공된다는 내용으로 'Refill Free'를 쓰려고 의도했었다고 추측되지만 철자를 잘못 쓰는 바람에 완전히 다른 뜻의 문장이 되면서 영어 모국어화자인 외국 방문객뿐만 아니라 주요 고객인 한국인은 더더욱 이해할 수 없는 문장이 되어버렸다.

사실 한국 사회에서는 영어가 아주 중요한 외국어로 학습되고 있음에도 불구하고 공식적인 문서에서나 혹은 개인 사이에 교환되는 사적인 서신에서도 그 의미나 형태가 잘못 쓰이는 영어 단어가 많고 특히 철자를 잘못 쓰는 경우는 압도적으로 더 많다. 예를 들어, 한국의 관광명소마다 설치되어있는 영어 안내문을 보면 물론 문법적인 오류도 발견할 수 있으나 가장 눈에 띄는 것은 철자에서의 오류이다.

그러나 영어의 철자는 영어를 외국어로 학습하고 있는 한국인에게만 골칫거리인 것은 아니다. 영어를 모국어로 사용하고 있는 사람들조차 비 규칙적이고 예외적인 철자로 인해 어려움을 겪고 있다. 오늘날 세계 공용어의 위치에 올랐다고 인정을 받을 만큼 넓은 지역에서 수많은 사람들이 영어를 사용하고 있음에도 불구하고 그 영역을 한층 더 넓히지 못하는 가장 큰 약점이자 단점이 바로 발음과 철자의 차이 때문이라고 대부분의 학자들은 설명하고 있을 정도이다.

1.1 영어 철자의 불규칙성

영어의 철자는 알파벳 문자체계로 하나의 문자가 하나의 음소를 나타내는 음소문자이다. 하지만 문자와 음소가 일대일로 대응하는 이상적인 알파벳 체계가 영어에서 잘 지켜지지 않고 있어 영어 철자를 접하는 사람들에게 많은 어려움을 준다. 예를 들어 영어에 있는 음소들 중 적어도 14개의 음소는 일대일로 대응하는 고유의 알파벳 기호가 없다. 그래서 [θ, ð, ʃ, tʃ]와 같은 음소는 이 소리만을 나타내는 고유의 기호가 없기 때문에 하나가 아닌 두 개의 알파벳인, <th>, <sh>, <ch> 등으로 표기되고 있다. 두 개의 알파벳 기호를 합쳐서 쓰는 것은 이미 철자를 가지고 있는 음소에도 사용된다. [f]라는 음소에 대한 알파벳 <f>가 있지만 실제로 영어 단어를 보면 <ph>나 <gh>가 쓰이기도 한다. 영어는 알파벳 문자체계임에도 불구하고 이처럼 하나의 음을 두 개나 심지어는 세 개의 알파벳 기호를 겹쳐 사용해서 표기하는 것이 가능하기 때문에 영어의 철자체계는 더욱 복잡해진다.

철자는 존재하지만 그 철자가 하나의 고유의 음소와 대응하지 않은 경우도 많다. 예컨대 <q>가 나타내는 [kw] 발음은 실제로 <k>와 <w>에 의해 표현될 수 있으므로 음소적 측면에서 보자면 <q> 자체는 필요 없는 글자가 된다. 마찬가지로 하나의 글자가 두 개의 음을 표기하는 <x> 또한 나타내는 발음은 [ks]이고 <k>와 <s>로도 표기 가능하므로 필요 없는 글자일 수 있다. 또한 하나의 글자가 서로 다른 두 개의 발음을 내는 경우도 많다. <c>는 [k]로 발음되기도 하지만 [s]로 발음되는 경우가 더 많다. 베네즈키(Venezky 1979)에 의하면 <c>의 경우 74%는 [k]로 발음되지만 22%는 [s]로 발음된다. 나머지 6%는 다른 철자와 함께 겹쳐서 사용되는 경우이다. 따라서 <k>와 <s>가 있다면 <c>는 사실상 없어도 되는 글자가 된다.

이제 영어 철자의 복잡성을 드러내는 경우 중 몇 가지를 구체적으로 살펴보도록 하겠다.

음소(phoneme)란 무엇인가?

음소란 의미의 차이를 가져오는 소리의 최소 단위를 말한다. 가령 sound라는 단어가 있을 때 철자는 <s>, <o>, <u>, <n>, <d>라는 다섯 개의 문자로 이루어져 있고, 소리는 [s]라는 초성 자음과 [au]라는 이중모음, 그리고 [n]과 [d] 두 개의 종성자음, 즉 4개의 소리, 4개의 음소로 이루어져있다. 또한 하나의 음소는 실제 발음환경에 따라 여러 개의 서로 다른 발음, 이음(allophone), 또는 변이음을 가질 수 있다. 일반적으로 철자를 표기할 때는 < >를, 음소를 표기할 때는 / /를, 변이음을 표기할 때는 [ ]를 사용한다. 본서에서는 표기의 편이상 음소와 변이음을 따로 구분하지 않고 발음에 대해서는 [ ]를 철자에 대해서는 < >를 사용한다.

■ [ʃ]의 경우

[ʃ]는 하나의 발음이 여러 가지 철자로 표기되는 경우이다. [ʃ]의 발음은 모두 17개 철자로 표기될 수 있다고 한다. 단 하나의 음을 표기하는데 무려 17개의 서로 다른 철자를 사용하고 있다는 것이다. 『1001개의 철자오류 단어들(1001 Commonly Misspelled Words)』(http://www.commonlymisspelledwords.org)에 수록된 예들 중에서 [ʃ] 발음을 갖는 단어를 찾아보자.

(1) 발음 [ʃ]에 대한 다양한 철자

admi<u>ss</u>ion	appre<u>ci</u>ate	atten<u>ti</u>on	con<u>sci</u>ous	exten<u>si</u>on
fu<u>ch</u>sia	ini<u>ti</u>ate	lu<u>x</u>ury	nau<u>se</u>a	ma<u>ch</u>ine
musta<u>ch</u>e	o<u>ce</u>an	pre<u>ss</u>ure	<u>sch</u>ist	<u>sh</u>ock
stan<u>chi</u>on	<u>s</u>ure			

그렇다고 해서 [ʃ]에 대한 영어의 철자체계가 전체적으로 아주 혼란스럽다고 단정 짓는 것은 무리이다. 대부분의 [ʃ] 발음은 <sh>로 표기되지만 극소수의 경우, 특히 차용어 가운데 원 단어의 형태가 그대로 남아있는 경우에 <sh>가 아닌 다른 철자로 표기될 수도 있는 것뿐이다. 일반적으로 [ʃ] 발음에 대응관계를 보이는 철자는 <sh>라는 규칙은 성립된다.

■ ⟨c⟩와 ⟨s⟩의 경우

하나의 철자가 여러 가지 음가를 갖는 경우도 있는데 <c>와 <s>의 경우를 보자.

(2) <c>와 <s>가 표기하는 발음
  <s> <u>t</u>his [s] the<u>s</u>e [z] <u>s</u>ugar [ʃ]
  <c> <u>c</u>at [k] <u>c</u>ity [s] suspi<u>c</u>ion [ʃ]

이 경우, [ʃ]의 경우에 비해 음가의 수가 적고 어느 정도 규칙성이 있는 것도 사실이다. 가령 <c>는 후설모음을 표기하는 <a>, <o>와 <u> 앞에서는 [k], 전설모음인 <i>와 <e> 앞에서는 [s]로 발음된다. 또한 suspicion처럼 <c>가 [ʃ] 발음을 갖는 경우는 많지 않으며 이 발음은 뒤에 나오는 <i>의 영향을 받은 것이다. 물론 [ʃ]만큼 많은 수의 이

형들이 있는 건 아니지만 그래도 하나의 철자가 여러 개의 음가를 갖는다는 것 자체가 음소철자체계에서는 문제가 된다.

■ 묵음의 경우

영어에서는 발음되지 않은 철자 역시 영어 화자에게 어려움을 준다. 철자는 있으나 그에 대응하는 음가가 전혀 없는 경우이다. 고대영어시기에는 모든 음들이 다 발음되었기 때문에 모음이나 자음 모두 묵음이 없었으나 그 후에 일어난 여러 음 변화들을 수용하는 과정에서 묵음이 생겼고, 또한 철자체계가 정착되어가는 과정에서 필경사들이나 인쇄공들에 의한 여러 가지 묵음 철자의 삽입으로 인해 오늘날의 영어는 묵음이 유난히 많은 언어가 되었다.

우선 모음의 묵음 가운데 대표적인 묵음은 어말 묵음 <e>이다. 어말 묵음 <e>는 기능이 다양할 뿐만 아니라 기본적인 철자규칙을 위반하는 예외적인 경우도 많아 아주 큰 혼란을 일으키고 있다. 이는 어말 모음의 원래 음가가 약화과정을 거쳐 상실된 후 음가 대신 얻게 된 부호적인 기능으로 인해 중세영어시기의 필경사들이나 초기현대영어시기의 인쇄공들과 철자개혁을 주장하는 학자들에 의해 더욱 다양하게 쓰였기 때문이다.

어말 묵음 <e>는 음가가 없이 표지(marker) 기능을 하는 문자로, 선행모음(win [ɪ] vs. wine [aɪ])이나 자음의 음가(music [k] vs. ice [s])를 알려주는 음소적 기능을 하기도 하고, 어말에 특정한 철자가 오지 않게 하기 위한 철자적 기능(Tel Aviv vs. love, <v>라는 철자는 영어에서는 어말 위치에서 사용되지 않으므로 Tel Aviv가 외국어라는 것을 알려주는 기능도 한다)도 하며, 특정형태소와의 구분을 위한 형태소적 기능(pleas vs please)을 할 수도 있다.

또한 중세영어시기와 르네상스시기에는 라틴어나 프랑스어에서 차용된 단어들임을 보여주기 위한 어원적 기능을 위해 음가가 없는 <e>가 삽입되기도 했다. 라틴어와 프랑스어에서 차용된 접미사들, 예를 들어 -able, -age, -ance, -ate, -ative와 같은 거의 대부분의 접미사들은 어말 묵음 <e>를 가지고 있다.

자음 묵음의 예로는 어두에서 비음 [n] 앞에 오는 <k>와 <g>(knights, gnomes)와 어말에서는 비음 [n] 앞에 오는 <g>가 발음되지 않는 경우(sign, reign)가 있다. 이 외에도 talk, walk, falk, salmon 등에서 <l>이 발음되지 않거나 honor, honest에서처럼 어두에서 <h>가 발음되지 않는 경우들이 있다(더 자세한 예는 2장 참조).

■ 기타 예외적인 경우들

그 외에도 영어에는 역사적인 원인으로 인해 예외적인 철자를 가지고 있는 단어들이 많다. 역사적인 원인이란 여러 가지 음 변화, 필경사와 인쇄공들의 보수적이며 어원적인 철자에 대한 선호현상, 그리고 외래어의 차용 등을 들 수 있다. 예를 들어 tight, fight, rough, tough 등에서 철자 <gh>가 [f] 음가를 갖는 경우는 음 변화로 인한 것이고, colonel을 발음할 때 [kərnəl]처럼 철자에 없는 [r]을 발음하는 것은 차용 당시의 발음을 그대로 사용함으로써 어원을 알려주고 있기 때문이다. 차용어들은 게르만어에 어원을 둔 영어 고유어에 없는 다양한 철자 형태를 영어에 전해주었다. 예를 들어 cappuccino(카푸치노, 이태리어 차용어), pizza(피자, 이태리어 차용어), bizzare(기이한, 바스크어 차용어), cheetah(치타, 힌디어 차용어)와 같은 외래 차용어는 차용이 이루어진 언어 고유의 철자 표기법을 간직하여 영어 철자 패턴을 더욱 다양하게 하는데 기여하고 있다.

한편, 발음은 똑같지만 철자가 다른 동음이의어들도 철자체계에 혼란을 주는 한 요소가 된다. 가령 rain, reign, rein은 발음은 똑같지만 철자가 서로 달라 혼동을 준다. 하지만 동음이이어가 영어에 나쁜 영향만 주는 것은 아니다. 스크래그(Scragg 1974)에 따르면, 동음이의어는 표현이 가지는 의미의 모호성을 해소시켜주는 중요한 역할을 한다.

동음이의어로 인한 혼란

동음이의어(homophones)는 발음은 같지만 의미는 서로 다른 단어를 말한다. 글로 쓰게 될 경우에는 별 문제가 없지만 말로 얘기하는 경우에는 혼란을 불러 일으킬 수 있다. 예를 들어 다음에 주어진 영어 표현들은 발음기호로 표시된 부분이 글자로 주어지지 않는 한, 두 가지 의미를 가지게 된다(한글 해석은 괄호에 주어진 영어 단어로 해석한 것임).
Trafalgar Square is the finest [saɪt] in London.
   1) 트라팔가 광장은 런던에서 가장 볼만한 구경거리이다. (sight)
   2) 트라팔가 광장은 런던에서 가장 멋진 장소이다. (site)
The [raɪts] of the Church
   1) 교회의 권리들 (rights)
   2) 교회의 예식들 (rites)
Mr. So-and-so is a [flaʊər] merchant.
   1) 그는 화훼 상인이다. (flower)
   2) 그는 전분 상인이다. (flour)

1.2 영어 철자와 강세

영어의 철자에 어려움을 가져오는 또 다른 요소는 영어 강세로 인한 발음의 변화이다. 비강세음절의 모음은 약화되거나 탈락이 되어 철자상의 구분이 더욱 어렵게 된다. 예를 들어 강세가 없는 접미사인

-able과 -ible, -ance와 -ence, 그리고 -er, -or, 과 -ar 사이의 구분은 거의 불가능한데 그 이유는 이들 접미사의 모음은 약화되어 철자와 발음이 무엇이든 상관없이 [ə]로 발음되기 때문이다. 또한 접미사가 아닌 경우에도 강세를 받지 않는 모음은 철자와 상관없이 [ə]로 발음되는 경우가 많다(비강세음절 발음으로 인한 철자 오류는 6.3 참조).

강세를 받는 모음과 강세를 받지 않는 모음 사이에 있는 [t]와 [d]가 중화되어 치경설탄음으로 발음되는데 이 경우 철자 <t>와 <d>의 구분을 어렵게 만든다. 한편, 철자 <x>는 강세의 위치에 따라 발음이 달라진다. 강세모음 뒤에 <x>가 오면 /ks/로, 강세모음 앞에 위치할 경우는 /gz/로 발음된다.(예: /ks/ 발음 éxecute, /gz/ 발음 exíst)

그 외에도 어근이 같지만 파생접사로 인해 새로운 품사의 단어가 만들어진 경우 철자는 똑같지만 강세의 위치가 달라지면서 발음은 완전히 달라지는 경우가 많이 발생한다. 다음의 예를 살펴보자.

(3) 강세의 유무가 발음에 미치는 영향(Yavas 2011:156)
démocrat [déməkræt]   demócracy [dəmákrəsi]   democrátic [dɛməkrǽtɪk]
órigin [ɔ́rədʒən]   oríginal [ɔríʤənəl]   origináliy [ɔrədʒənǽləti]
phótograph [fóʊtəgræf] photógraphy [fətágrəfi]   photográphic [foʊtəgrǽfɪk]
díplomat [dípləmæt]   diplómacy [dɪplóməsi]   diplomátic [dɪpləmǽtɪk]

파생접미사로 인해 비록 품사는 달라졌지만 같은 어근을 공유하고 있는 단어들을 보면 대부분 품사가 바뀐 경우에도 원래의 철자를 그대로 유지하고 있다. 반면 파생접미사의 첨가로 인해 강세의 위치가 바뀌게 되면서 발음은 완전히 달라짐을 알 수 있다. 이 경우 발음과 철자 사이에 차이가 더욱 커지게 되고 따라서 비모국어화자에게는 혼란을 가져다주는 원인이 될 수 있다. 이처럼 강세의 유무로 인해 철자는 같지만 발음은 전혀 다른 모음들이 많이 발생하므로 철자와 발음 사이의 일대일 대응관계를 무너뜨리게 된다.

1.3 영어 철자와 발음 차이의 원인

영어는 음소문자체계를 사용하고 있음에도 불구하고 영어 철자와 발음에는 커다란 차이가 있다. 따라서 발음과 철자 사이의 규칙성이 완전하지 않아 영어를 배우는 사람들에게 문제를 많이 일으키는데 이는 세 가지 원인에서 비롯되었다고 비슨(Beason 2006:121)은 지적하고 있다.

첫 번째 이유는 물론 언어변화, 특히 음 변화 때문이다. 인쇄술의 도입으로 인해 철자는 고정되었지만 음 변화는 계속되어 철자와 음의 차이가 벌어지게 되었으며 이를 단적으로 보여주는 변화가 바로 초기 현대영어시기에 있었던 모음대추이(Great Vowel Shift)이다.

두 번째는 차용어를 비롯한 다른 언어들의 영향이다. 영어의 철자습관과는 다른 철자들이 차용어에서 그대로 살아남아 사용되면서 철자와 음 사이의 대응관계에 혼란을 일으키게 되었다. 특히 중세영어 시기부터 시작된 프랑스어식 철자법을 도입한 노르만 필경사들의 영향은 다른 어떤 요인들보다 영어의 철자체계에 큰 변화를 일으켰으며 철자와 발음의 차이를 벌어지게 만들었다.

세 번째는 사회적인 변화와 함께 영어의 지위 또한 변화하면서 철자를 개선하거나 혹은 수정하고자 하는 노력 또한 또 다른 변화를 초래하게 되었다는 것이다. 가령 미국영어와 영국영어 철자가 서로 다르게 된 것은 미국의 노아 웹스터(Noah Webster)의 철자개혁으로 인한 것이다(이에 관련된 내용은 4장 참조).

1.4 철자는 왜 중요한가?

그렇다면 철자세계에 존재하는 수많은 불규칙성에도 불구하고 영어 철자를 제대로 잘 습득해야만 하는 이유는 무엇일까? 철자는 단순히 단어를 암기하는 것이 아니다. 단어에 숨겨진 의미를 총체적으로 파악하는 것이다. 철자를 알면 어휘력을 확장시킬 수 있으며 또한 우리의 심성을 확장시킨다. 철자와 단어의 총체적인 의미 사이의 관계에 대해서는 학자들의 견해가 엇갈리는 경우도 있다.

한동안 인터넷에서는 다음과 같은 글이 많은 조회 수를 기록했다고 한다.

Aoccdrnig to rscheearch by the Lngiusiitc Dptanmeret at Cmabrigde Uinervtisy, it deosn't mttaer in waht oredr the ltteers in a wrod are, the olny iprmoetnt tihng is taht the frist and lsat ltteer be at the rghit pclae. The rset can be a total mses and you can sitll raed it wouthit porbelm. Tihs is bcuseae the huamn mnid deos not raed ervey lteter by istlef, but the wrod as a wlohe.(Jones 2009에서 인용)

➡ 교정 영문

According to research by the Linguistic Department at Cambridge University, it doesn't matter in what order the letters in a word are, the only important thing is that the first and last letter be at the right place. The rest can be a total mess and you can still read it without a problem. This is because the human mind does not read every letter by itself, but the word as a whole.

캠브리지 대학 언어학과의 연구에 따르면, 단어 안에 철자가 어떻게 배열이 되어있는가는 상관없다고 한다. 다만 중요한 것은 맨 처음 글자와 맨 끝 글자가 제 자리에 있으면 된다. 나머지는 뒤죽박죽이어도 여러분은 아무런 문제없이 글을 읽을 수 있다. 인간은 글자 하나하나를 읽는 것이 아니라 단어를 통째로 읽기 때문이다.

이 글에서 주장하는 것처럼, 일반 독자들은 기존의 영어 철자에 대한 정확한 지식이 없다 해도 적어도 이 글에 쓰인 영어 단어들은 모두 통째로 알고 있다면 아무런 문제없이 이 글을 잘 읽고 이해할 수 있을까? 이에 대해 다른 학자들은 그렇지 않다고 대답한다. 이 글을 읽고 그 내용을 이해하기 위해서는 먼저 모든 단어의 철자를 다 알고 있어야하고 그 이후 올바른 단어를 추측해내는 과정이 병행되어야만 가능하다는 것이다.

그 구체적인 이유를 존스(2009)는 알파벳에서 찾고 있다. 영어의 철자체계는 음과 의미를 연결하는 음소문자인 알파벳이므로 음과 의미 사이의 연결고리를 찾을 수 없는 무의미한 철자의 배열은 선행지식이 없는 한 새로운 단어나 문장을 이해할 수 없게 한다고 주장한다. 특히 오늘날처럼 철자에서의 오류를 자동적으로 고쳐주는 워드프로세서 프로그램이 활발하게 사용되고 있는 환경에서는 글을 쓴 사람이 정확하게 알고 있지 않다면 원래 의도와는 다르게 철자를 고쳐주게 되고 결국은 완전히 다른 의미를 가진 글로 바꾸어버릴 수도 있기 때문이다.

따라서 보다 근본적인 시각에서 철자의 중요성을 생각해본다면 언어 특히 글을 읽고 쓰는 인간의 속성에서 찾아볼 수 있을 것이다. 인간과 동물의 기본적인 차이를 우리는 언어에 있다고 보고 있다. 1차적인 언어가 말이라면 간혹 인간의 언어를 하는 동물들의 사례는 찾아볼 수 있다. 최근에 보도된 것처럼 사람의 말을 하는 코끼리부터 시작해서 침팬지와 원숭이의 언어사용 그리고 인간의 말을 따라하는 앵무새에 이르기까지 다양한 사례들이 있다. 그렇다면 동물도 언어를 할 수 있다는 것일까?

　인간은 1차적 언어인 말을 할 뿐만 아니라 2차적 언어인 문자체계를 가지고 있다는 것이 동물과 다른 점이다. 글을 읽고 쓰는 동물은 아직 그 예를 찾아볼 수 없다. 침팬지의 경우 타자기를 이용해서 몇 가지 글자를 조합하여 단어를 만들고 그 뜻을 이해하는 실험이 시도된 경우가 있었던 것은 사실이지만, 단어의 개수가 아주 제한적이었고 타자기를 사용한 경우라서 실제로 동물이 글을 읽거나 쓰는 것으로 판단하기에는 무리가 있어 보인다.

　이처럼 글을 읽고 쓰는 것이 인간만이 유일하게 가지고 있는 능력이라면 문자 또한 인간에게만 주어진 능력이며 다른 사람과의 의사소통을 보다 분명히 하기 위해서는 문자의 순서를 바르게 써야하는 철자법 또한 반드시 올바르게 습득해야할 대상이라고 할 수 있다. 그러기에 문자체계에 대한 지식, 더 나아가 철자는 인간성(humanity)의 근본을 이루는 요소라고까지 표현할 수 있다.

　문자가 서로 다른 민족에 의해 서로 다른 시기에 서로 다른 모습으로 만들어진 것처럼 철자체계 또한 언어마다 서로 다른 원리와 규칙을 가지고 있다. 무엇보다도 영어나 한국어처럼 음을 나타내는 음소문자의 경우 철자는 특히 큰 관심의 대상이 되는데 이는 음과 문자가 완벽하게 일대일 대응관계를 이루는 문자체계는 아직 발견되지 않았고 가능하지도 않기 때문이다.

　일대일 대응관계가 완벽하지 않을 경우 언어의 기본적인 기능인 의사소통을 위해서는 필연적으로 철자법 문제가 대두될 수밖에 없게 된다. 따라서 음소문자인 알파벳을 사용하는 언어라면 어떤 언어이든 철자문제를 우선적으로 해결해야만 하는 것은 사실이다. 이로 인해 영어에서도 보다 규칙적인 문자와 음의 대응관계를 만들기 위한 철자개혁의 움직임이 수없이 시도되기도 했다(철자개혁에 대해서는 3장 참고).

영어의 철자체계가 가지고 있는 약점에도 불구하고 오늘날 가장 많이 사용되는 언어가 될 수 있었던 배경에는 물론 여러 가지 이유들이 있을 것이다. 그것이 영국의 제국 식민주의로 인한 물리적인 사용영역의 확장이나 두 번의 세계대전에서의 미국의 승리라는 정치적인 사용영역의 확장이 되었든, 혹은 인터넷의 개발이나 저작권, 신문 방송 등의 뉴스미디어의 영향이라는 사회경제적 사용영역의 확장이 되었든, 혹은 다른 언어에 비해 어휘수가 많고 세계 각국의 언어에서부터 들어온 차용어로 인한 범세계적(cosmopolitan)인 특성에서 나오는 언어적 영역의 확장이 되었든 간에 상관이 없다. 현재 우리의 상황에서 가장 많은 사람들이 가장 많은 지역에서 가장 많은 경우에 사용하고 있는 영어를 제대로 이해하고 사용하는 것이 필요할 뿐이다. 이를 위해서는 무엇보다도 영어의 철자체계에 대한 보다 올바른 접근이 필요하다고 하겠다.

제 2장

영어철자의 역사적 변화

2.1 문자의 종류와 알파벳의 탄생

2.2 고대영어 철자

2.3 중세영어 철자

2.4 초기현대영어 철자

역사는 인간성의 가장 기본이라고 할 수 있다. 과거를 돌아보고 현재를 이해하며 미래를 준비하는 것은 인간만이 할 수 있는 것이기 때문이다. 따라서 영어에서 사용하고 있는 알파벳 문자가 어떻게 만들어졌는지와 함께 450년 경 영어가 처음 시작된 그때로 돌아가 처음의 모습에서 지금의 영어철자는 얼마나 달라졌는지를 살펴보는 것으로 출발해본다.

2.1 문자의 종류와 알파벳의 탄생

인류가 가진 가장 위대한 자산 가운데 하나는 문자라 할 수 있다. 문자를 통해서 우리는 의사소통을 하고, 여러 종류의 기록을 남길 수 있다. 음성 언어와 달리 문자는 저절로 만들어진 것이 아니며, 여러 가지 방법으로 발전하여 오늘에 이르렀고 그 종류 또한 다양하다. 또한 문자는 음성 언어와 달리 모든 언어에 다 존재하는 것이 아니어서, 음성 언어는 존재하여도 문자가 없는 언어를 아직도 발견할 수 있다. 2.1에서는 문자의 종류와 현대영어에서 사용하고 있는 문자인 알파벳의 기원에 대해 간단히 알아보도록 하겠다.

■ 문자의 종류

세계에 존재하는 문자는 크게 세 종류로 나누어 볼 수 있다. 첫째, 표의문자(logogram)로서 하나의 글자가 하나의 단어 혹은 형태소를 나타내는 체계이다. 현대 중국어의 글자를 그 예로 들 수 있다. 주어진 예에서 볼 수 있듯이 각각의 글자는 서로 다른 독립된 낱말이 된다.

(1) 중국어   九 '아홉'   口 '입'   丘 '언덕'

두 번째는 음절문자(syllabary)이다. 하나의 글자가 하나의 음절을 나타낸다. 수메리아어와 고대 페르시아의 쐐기문자(cuneiform)와 현대 일본어의 가타가나(katagana)나 히라가나(hiragana)를 예로 들 수 있다. 음절문자는 하나의 글자를 자음이나 모음으로 나누어 구분할 수 없다. 다음의 예에서 볼 수 있듯이 일본어의 '가'로 발음되는 글자인 カ는 더 이상의 작은 단위로 나눌 수가 없으므로 자음과 모음이 한 글자 내에서 분리되거나 혹은 함께 존재하는 경우는 없다. 모음에 해당하는 '아'는 다른 글자인 ア로 나타내지만 반면 자음 'ㄱ'에 해당하는 글자가 따로 존재하지는 않는다.

(2) 일본어의 가타가나
   ア아 イ이 ウ우 エ에 オ오 カ가 キ기 ク구 ケ게 コ고
   일본어의 히라가나
   あ아 い이 う우 え에 お오 まま みみ むむ めめ もも

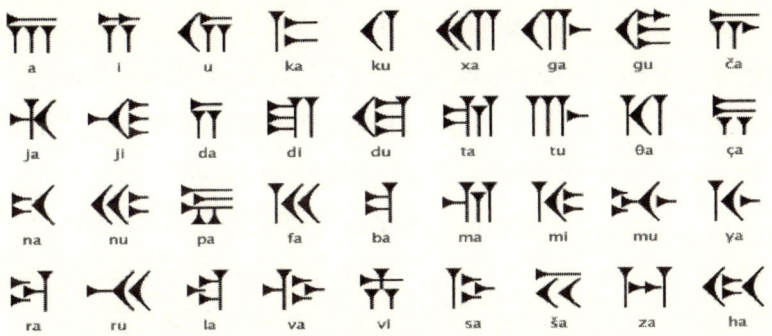

〈그림 1〉 고대 페르시아어 쐐기문자(출처: http://www.ancientscripts.com/oldpersian.html)

마지막으로, 음소문자(alphabet)가 있다. 음소문자(이후 알파벳)는 하나의 글자가 하나의 음소, 즉 자음이나 모음을 나타내는 문자체계이다. 영어의 철자체계와 한글이 여기에 해당한다.

■ 알파벳의 탄생

영어 알파벳의 기원은 고대그리스어 문자로 거슬러 올라간다. 고대 그리스인은 페니키아인(셈족을 말하는데, 당시 고대 그리스인은 동쪽에 거주한 모든 사람들을 페니키아인이라 불렀다)이 사용하던 문자를 받아들여 알파벳 글자를 만들었다. 페니키아 글자는 자음만을 나타냈기 때문에 고대 그리스인은 페니키아 글자들 중 일부를 모음을 나타내는 문자(A, E, I, O, U)로 사용하였다. 자음만을 나타내던 페니키아 글자에 모음을 도입하여 현대적 의미의 알파벳이 탄생하게 되었다. 페니키아 나머지 글자들 가운데 digamma F, san M, koppa Q를 제외하고 모두 그리스 자음 알파벳으로 그대로 받아들이는 한편 페니키아어에는 없고 그리스어에만 있는 소리를 나타내기 위해 새로운 글자를 만들어 사용하기도 하였다(omega Ω, upsilon Y, phi Φ, chi X, psi Ψ).

로마인들은 그리스를 점령한 이후 그리스 문화를 받아들였다. 로마인들은 자신들의 언어인 라틴어를 기록하기 위해 그리스 알파벳을 받아들인 후 라틴어에 맞게 수정, 보완하여 로만 알파벳 체계를 구축하였다. 라틴어에 필요 없는 그리스 알파벳, Θ, Ξ, Φ, Ψ, Ω을 폐기해버렸고, 그리스 알파벳 Γ, Δ, Λ, Σ, C의 모양을 수정하여 각각 C, D, L, S, G로 고쳐 사용하였다. 일부 글자(F, P, R, Q)는 그대로 사용했지만 음가는 그리스어와는 다르게 사용하는 경우도 있었다. 무엇보다도 그리스 알파벳 글자의 이름을 그대로 사용하지 않고 새로운 이름으로 바꾸어 사용했다.

영어 알파벳의 기원이 되는 페니키아 글자에서부터 그리스 알파벳, 그리고 로만 알파벳에 이르기까지의 글자 변화를 하나의 도표로 요약해보면 <표 1>과 같다.

'알파벳'이란 말은 어떻게 만들어 졌을까?

'알파벳'이란 용어는 그리스어 알파벳의 첫 두 글자의 이름인 '알파(alpha)'와 '베타(beta)'의 합성어이다. 이 두 글자는 페니키아 알파벳의 첫 두 글자의 이름인 '황소'를 의미하는 '알레프(aleph)'와 '집'을 의미하는 '베스(beth)'의 어원을 가지고 있다.

왜 그리스의 C, E, K, P 글자는 페니키아 글자의 방향과 다를까?

페니키아 글자와 그리스 알파벳을 비교해보면, C, E, K, P의 모양이 서로 반대로 뒤집혀 있는 것을 볼 수 있다. 일반적으로 고대그리스어나 페니키아어 필경사들은 오른쪽에서 왼쪽으로 단어를 썼다. 특히 고대그리스어 필경사들은 오른쪽에서 왼쪽으로 첫줄을 쓰고 다음 줄로 바뀌면 왼쪽에서 오른쪽, 다시 줄이 바뀌면 오른쪽에서 왼쪽으로, 마치 소가 밭을 가는 것처럼 줄이 바뀔 때마다 글을 쓰는 방향을 바꾸어 쓰기도 했는데, 이로 인하여 뒤집혀진 모양의 글자가 만들어지게 되었다. 한편 현대 그리스어는 영어처럼 왼쪽에서 오른쪽으로 글자를 쓰는 것으로 고정되었다.

〈표 1〉 알파벳의 발전

페니키아(Phoenician)			그리스(Greek)		로만(Roman)	
	글자이름	의미		글자이름		글자이름
∠	'aleph	황소	A	alpha	A	ā
◁	bēth	집	B	beta	B	bē
↑	gimel	막대기(사냥용)	Γ	gamma	C, G	cē, gē
◁	daleth	문	Δ	delta	D	dē
⇒	he	기도하는 사람	E	epsilon	E	ē
Y	waw	갈고리	(F)	(digamma)	F	ef
			Y	upsilon	Y	graeca
I	zayin	도끼	Z	zeta	Z	zēta
⊟	heth	담장	H	eta	H	hā
⊗	teth	바퀴	Θ	theta		
₹	yod	팔과 손	I	iota	I	ī
⩜	kaph	손바닥	K	kappa	K	kā
⌇	lamed	막대기(가축몰이용)	Λ	lambda	L	el

페니키아(Phoenician)			그리스(Greek)		로만(Roman)	
	글자이름	의미		글자이름		글자이름
ᛉ	mem	물	M	mu	M	em
ᛌ	nun	뱀	N	nu	N	en
‡	samekh	물고기	Ξ	xi	X	ex
O	ayin	눈	O	omicron	O	ō
⌐	pe	입	Π	pi	P	pē
⌐	tsadhe	파피루스	(Ϻ)	(san)		
φ	qoph	원숭이	(Ϙ)	(koppa)	Q	qū
⊲	resh	머리	P	rho	R	er
W	shin	활	Σ	sigma	S	es
X	taw	표시	T	tau	T	tē
			Φ	phi		
			X	chi		
			Ψ	psi		
			Ω	omega		

2.2 고대영어 철자

■ 룬 알파벳과 로만 알파벳

고대영어(449-1100) 철자는 룬(rune) 알파벳(이후 룬 문자)과 로만 알파벳, 두 종류의 알파벳으로 구성되어 있다. 449년 영국을 침략한 게르만족은 자신들이 대륙에서 사용하던 24자의 룬 문자에 6개의 새로운 글자를 만들어 기록을 남기는 데 사용했다. 당시 사용된 룬 문자는 첫 여섯 글자를 따서 'futhorc'이라고도 불린다. 'rune'이란 말은 원래 '비밀' 혹은 '주술'의 의미를 가졌으며, 룬 문자는 묘비명, 주술, 부적에 사용되기도 하였다. 룬 문자는 주로 나무나 돌에 새겼기 때문에 곡선이 아닌 직선으로 주로 이루어져있으며 각이 진 형태를 지녔다.

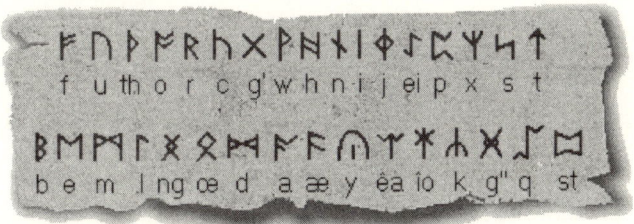

〈그림 2〉 룬 문자(출처: http://www.tarahill.com/runes/runehist.html)

영국이 기독교로 개종되면서 영국에도 로만 알파벳이 도입되었다. 그러나 처음부터 대륙의 로만 알파벳이 그대로 전수된 것은 아니었다. 게르만족 이전 기독교 개종을 위해 먼저 영국에 와 있던 아일랜드 출신의 선교사들이 사용하다가 영국 섬으로 가져왔기에 섬에서 사용했다는 의미의 도형 알파벳(insular hand)이 초기에 사용되었다. 도형 알파벳은 로만 알파벳에 비하여 둥글었고, 글자를 서로 띄어 쓰는 것이 특징이다.

> **영어의 시기 구분**
>
> 영어는 정치, 문화적 사건과 같은 영어 외적 요인과, 영어 자체의 내적변화에 따라서 다음과 같이 역사적으로 구분된다.
> 　　고대영어(449-1100)
> 　　중세영어(1100-1500)
> 　　초기현대영어(1500-1800)
> 　　후기현대영어(1800-현재)

고대영어를 표기하기 위해 필경사들은 로만 알파벳(도형 알파벳)을 기본으로 하되, 라틴어에 없는 고대영어 소리를 표기하기 위해 룬 문자에서 <þ(thorn), Ƿ(wynn)>을 도입하여 사용하였다. 로만 알파벳 <d>의 중간에는 선을 넣어 <ð(eth)>로 수정하여 사용하기도 했다. 고대영어에 사용된 글자와 현대영어에 해당하는 글자는 다음과 같다.

A a	Æ æ	B b	C c	D d	Ð ð	E e	F f	Ᵹ ᵹ	H h	I i	L l
a	ash	be	c	de	eth	e	eff	yogh	há	i	ell
a	æ	b	c	d	ð	e	f	ȝ (g)	h	i	l

M m	N n	O o	P p	R r	S ſs	T t	U u	Ƿ ƿ	X x	Y ẏ	Þ þ
emm	enn	o	pe	err	ess	te	u	wynn	eks	yr	thorn
m	n	o	p	r	s	t	u	p(w)	x	y	þ

<그림 3> 고대영어 글자(출처: http://www.omniglot.com/writing/oldenglish.htm)

고대영어시기에는 <j, v, w> 철자는 전혀 사용되지 않았고, <k, q, x, z>는 아주 드문 경우에만 사용되었다. 또한 [k] 발음을 나타내기 위해서는 <c>가 사용되었다. <그림 3>에서도 볼 수 있듯이 <f, g, r, s, t>의 경우에는 로만 알파벳(혹은 현대영어 철자)과는 약간 다른 모양의 글자를 사용하였다. 예를 들어 <s>는 세 종류의 글자가 있었다. 그중 긴 <s>(<그림 3>에서 세 번째 <s>)는 현대영어 <f>와 유사한 반면, 고대영어 <f>는 현대영어와는 전혀 다른 형태가 사용되었다. 긴 <s>는 초기현대영어시기까지 계속 사용되었다. 또한 <d>의 모양은 현대영어에서의 모습과 유사하지만 선이 위로 곧게 뻗지 않고 기울어져 있다는 점에서 다른 모습을 보인다.

■ 고대영어 철자의 발음

고대영어는 현대영어와 달리 몇 가지 예외적인 경우를 제외하고는 대부분 음소와 철자가 일대일 대응관계를 보인다. 무엇보다도 묵음이 없기 때문에 일단 글자가 있으면 그 글자에 해당하는 음은 모두 발음되었다. 예외적인 경우는 극히 드물어서 철자 하나가 두 개의 소리로 발음되거나 혹은 하나의 소리를 나타내기 위해 두 개의 철자가 사용된 경우 등 다음 세 가지 경우뿐이다.

(3) <sc> [ʃ]   <cg> [ʤ]   <x> [ks]

고대영어 모음은 현대영어 모음과 거의 유사하다. 다른 점은 a와 e가 합쳐 만들어진 두겹글자(digraph: 두 개의 글자가 하나의 발음을 나타냄) <æ>가 사용되었고, <y>가 (반)자음이 아닌 원순 고모음 [ü]을 나타내기 위한 모음으로 사용되었다는 점이다.

고대영어 모음에는 길이의 차이, 즉 장모음과 단모음이 존재하였다. 그러나 필사본(manuscript)에는 그 차이가 현대영어 발음 기호처럼 장음 부호를 통해 구분되어 있었던 것은 아니다. 장음 부호가 있는 경우는 대부분 나중에 편집자들이 삽입을 한 것이다. 그러나 간혹 표준화된 문헌에 사용된 강세(′) 표시를 볼 수 있는데 이는 강세가 아니라 장모음의 표시이다. 반면 모음 위의 메이크론(macron, ¯)은 장음이 아니라 강세음절임을 나타내거나 아래 단락에서 언급되는 다른 용도로 사용되었다.

■ 고대영어 문장부호

고대영어는 현대영어와 달리 문장부호가 다양하지 않았을 뿐 만 아니라 실제로 문장부호를 거의 사용하지 않았다. 현대영어에서 볼 수 있는 마침표, 쉼표, 물음표, 느낌표는 사용되지 않았다.

현대영어에 없는 문장부호지만 고대영어에서 사용된 것으로는 올려 쓴 점(• raised dot)이 있었는데 이는 마침표나 쉼표가 아니라 휴지(pause)를 나타내기 위한 것이었다. 고대영어 후기에 사용된 콜론이나 세미콜론(⁏ punctus elevatus, 현대영어 세미콜론을 뒤집어 놓은 것 같은 모양) 역시 휴지를 나타냈다. 또한 현대영어 모음 위의 장음 부호 같은 긴 선을 사용하여 뒤의 자음이 생략되었음을 표시하였는데 주로 m, n과 같은 비음이 생략되었다(예: bocū bocum 'books', ʒumā guman 'man').

고대영어에는 대/소문자의 구별 없이 각 글자마다 한 가지 형태가 주로 사용되었으며, 대문자는 강조를 위해 사용되거나, 장(chapter)이나 절(section)의 시작에서 장식용으로 사용되었다. 현대영어에서 볼 수 있는 것처럼 문장을 시작하는 기능 등 대문자 사용에 대한 구체적인 용법이나 규칙은 초기현대영어시기에 가서야 정립되었다고 볼 수 있다.

2.3 중세영어 철자

■ 중세영어 철자와 발음의 변화

중세영어(1100-1500) 철자는 고대영어와 비교해 볼 때 많이 변한 모습을 보여준다. 여러 가지 요인들이 영향을 주었는데 첫째는 발음의 변화에 따른 철자 변화이다. 예를 들어 고대영어시기에는 어두에서 묵음 없이 모두 발음되었던 자음군 [hl, hr, hn]이 중세영어시기에 오면서 [h] 발음이 탈락되고 [l, r, n]만 발음되었는데 철자 또한 탈락되었다. 이러한 자음변화는 철자에 그대로 반영되어 고대영어시기의 어두 철자

<hl, hr, hn>은 중세영어시기에 와서 <l, r, n>만 남게 되었다.

(4) 발음 소실에 따른 철자 소실
고대영어: hladan, hlaf, hnutu, hræfn, hring, hrof
중세영어: lood (> load), loof (> loaf), nut(e), raven, ring, roof

마찬가지로 모음 변화가 철자 변화를 가져온 경우가 있는데, 중세영어에 발생한 모음 변화 [æ] > [a]와 [æ:] > [ɛ:]로 인한 고대영어 철자 <æ>의 소실이 그 예이다.

둘째, 중세영어시기에 프랑스어 어휘가 대대적으로 차용되면서 철자법에 프랑스어식 규칙과 관습이 도입되었다. 대표적인 프랑스어 철자법은 두겹글자의 사용이다. 프랑스어에서 사용되었던 두겹글자가 그대로 차용되기도 하였고, <th> ([ð]나 [θ]발음을 나타냄)처럼 고대영어시기에 사용되기는 했으나 보편적이지는 않았던 두겹글자도 전보다 더 빈번하게 재사용되기도 했다(참고로 기존에 쓰였던 고대영어 철자 가운데 <þ>은 중세영어에도 계속 사용되었지만 <ð>은 더 이상 사용되지 않게 되었다). 혹은 이때 새롭게 만들어진 두겹글자도 있었다. 중세영어시기에 사용된 두겹글자는 다음과 같다.

(5) 프랑스어 철자법의 도입
    <ch> [tʃ]: cheap, chin, church
    <sh> [ʃ]: shame, shall, she, shirt
    <gu> [g]: guard, guile, guide
(6) 새롭게 만들어지거나 재사용한 두겹글자
    <th> [ð] 혹은 [θ]: the, that, with
    <gh> [x] 혹은 [ç]: right, thought, through
    <dg> (< 초기중세영어 <gg>) [dʒ]: edge, bridge

<-h>로 끝나는 다양한 종류의 두겹글자가 사용되면서 고대영어시기에 사용되던 <hw> 또한 중세영어시기에 <wh>로 순서가 바뀌게 되었다.

모음에도 두겹글자가 프랑스어 철자법(예: hour, round)의 영향으로 도입되었다. 고대영어에서는 장모음 [uː]을 나타냈던 철자 <u>는 중세영어에 오면서 <ou> 혹은 <ow>로 바뀌었다. 이 철자는 현대영어에서도 계속 사용되고 있는데 초기현대영어 음 변화인 모음대추이(Great Vowel Shift)의 영향으로 장모음 [uː]가 [aʊ]로 이중모음화되어 오늘날의 [aʊ] 발음을 표기하게 되었다.

(7) 고대영어: hus, brun > 중세영어/현대영어: house, brown

중세영어시기 중설모음은 장모음을 나타내기 위해 <ee>, <oo>처럼 동일 철자를 두 번 썼다. 이와 더불어 중세영어에 일어난 저모음 상승 ([aː] > [ɔː], [æː] > [ɛː])은 기존의 고대영어시기부터 있었던 중설모음 ([oː]와 [eː])과 철자상의 구분을 사라지게 만들었다(이들 사이의 철자상의 구분은 초기현대시기에 이루어졌다. 아래 (13) 참고).

(8) 고대영어 [æː], [aː]: mæt 'meat', rad 'rode'
    > 중세영어 [ɛː], [ɔː]: meet, rood
    고대영어 [eː], [o]: metan 'meet', rod 'rood'
    > 중세영어 [eː], [oː]: meete, rood

또한 중세영어시기에 철자 <j, v>가 새로이 도입되었다. 원래 <j>는 어두의 [ʤ]를 나타내기 위해, <v>는 중세영어시기에 새로운 음소가 된 [v]를 나타내기 위해 도입되었으나, 일단 도입이 된 후에는 대륙식 철자법(continental convention)을 따르게 되었다. 도입 당시 나타냈던 발음 외에도 각각 <j>와 <v>는 [i]와 [u]의 발음을 나타내게 되면서 원래 이들 발음을 나타내었던 기존의 철자 <i>와 <u>와 함께 사용되었다. 따라서 현대영어와 달리 <j>와 <i>, <u>와 <v>는 발음과 상관없이 마치 같은 글자처럼 서로 함께 사용되었다. <u, v>의 경우 어두에는 <v>가 나머지 위치에는 <u>가 주로 사용되었지만 그렇다고 해서 반드시 지켜야만 하는 규칙은 아니었다. 이들 글자들이 서로 같이 사용되어 쓰인 예를 보면 다음과 같다.

미님글자

미님(minim)은 서체에 사용되는 위에서 아래로 내리 긋는 짧은 선(stroke)을 의미하며, <i, m, n, u, v> 글자를 쓸 때 사용되었다. 예를 들어 <i>는 1개의 미님으로, <n, u, v>는 2개의 미님으로, <m>은 3개의 미님으로 만들어진 글자이다.

<i> ı
<u> <v> ıı
<m> ııı

<luminis> lumınıs
<luve> luue

이처럼 짧은 선으로 구성된 미님글자들이 연속적으로 나오면 어떤 단어인지 구분하기가 어려우므로 앞이나 뒤에 오는 미님글자가 아닌 다른 글자를 통해서 어떤 단어인지 해석할 수밖에 없다. 당시의 사람들 역시 미님글자를 구분하기 어려웠기 때문에 미님글자가 연이어 나올 경우 그중 하나를 <o>나 <y>로 바꾸어 주면 훨씬 이해하기가 쉬웠을 것이다.

(9) tiim~tijm 'time', iuge~judge 'judge', vp 'up', even 'even', euer 'ever', pur 'pure'

<i>는 <j>이외에도 <y>와도 같이 사용되었다. 특히 <y>는 미님(minim)글자 <m, n, i, u> 주변이나 단어 끝에서 주로 사용되었다. <i>는 현대영어 철자와 달리 당시에는 점이 없었고, <m, u, n>과 같은 소위 '미님(minim)'이라고 불리는 글자들이 연속해서 있으면 획이 많아지면서 글자와 글자 사이의 구분이 어렵기 때문이었다. 이러한 <y>의 사용은 이 철자가 나타냈던 소리의 음 변화와도 관련이 있다. 고대영어 초기에 [ü]로 발음되었던 철자 <y>는 고대영어 후기가 되면서 [i]로 비원순음화 되었고 이로 인해 <y>는 <i>와 같은 음가를 나타내게 되었기 때문이다.

앞서 언급된 것과 유사한 이유로 인해 [u] 발음을 나타내었던 고대영어 철자 <u>는 미님글자 <m, n, u, i>와 <v, w> 주변에서 발음의 변화 없이 철자만 <o>로 바뀌었다. 즉 미님글자였던 <u>가 미님글자 주

Q 다음 두 개의 미님글자가 포함된 단어는 무엇일까?(첫 번째 단어는 영어이고, 두 번째 단어는 라틴어)

1. animal   2. nullum

A 1. animal, 첫 글자와 끝에서 두 번째 a가 힌트
2. 라틴어 nullum 가운데 ll이 힌트

Q holy에서는 ⟨y⟩로 holiday에서는 ⟨i⟩로 표기되는 이유는 무엇일까? holi~holiday로 혹은 holy~holyday로 철자를 통일하지 않은 이유는 무엇일까?

A holiday는 holy + day의 합성어이다. 서로 관련 있는 두 단어의 철자가 통일되어있지 않은 것은 <y>를 어말에 주로 사용하는 중세영어 철자법의 흔적이 남아있기 때문이다.

변에 있으면 구별이 어렵기 때문이었다. 중세영어시기에 도입된 철자 <o>가 현대영어에 남아 있는 예는 다음과 같다.

(10) 고대영어: cuman, hunig, lufu, sunu, sum, tunge, wundor, wulf
중세영어: come, honey, love, son, some, tongue, wonder, wolf
cf. 고대영어 sunne > 중세영어 sonne > 현대영어 sun

중세영어의 철자 요프(yogh, ȝ, Ȝ)는 고대영어시기의 철자와는 다른 모양으로 바뀌었고, 다양한 발음을 표기하는데 사용되었다.

(11) 중세영어 철자 요프가 나타냈던 발음들
 [x, ç]: kniȝt~knight 'knight'   [j]: ȝung 'young'
 [dʒ]: briȝe 'bridge'   [z]: daiȝ 'days'

중세영어에서 눈에 띄는 특징 가운데 하나는 고대영어나 (초기)현대영어의 철자와 달리 동일한 단어에 다양한 철자가 사용되었고 허용되었다는 점이다. 예를 들어 현대영어 'length'에 해당하는 중세영어 철자는 거의 30개가 넘는 종류가 영국 각 지역에서 발견이 되기도 한다. 다른 예를 보면 다음과 같다.

(12) 고대영어: scild 'shield'   중세영어: sild, ssild, shild, schild, sschild
 고대영어: tres 'trees'   중세영어: trese, treese, trees, treeȝ, treȝ....

중세영어 철자의 영어사적 의의는 우리가 사용하고 있는 현대영어 철자의 대부분이 바로 중세영어시기에 사용되었던 모습이라는 점이다. 초기현대영어시기는 중세 말 도입된 인쇄기가 본격적으로 가동되어 수많은 책이 발간되어 인쇄술 보급의 직접적 혜택을 받은 시기이다. 또한 초기현대영어시기는 어느 시기보다도 중요한 음 변화들이 이루어졌던 시기이다. 하지만 이 시기에 이루어진 음 변화들은 이미 중세영어 말기부터 발간되기 시작한 수많은 책들에 쓰였던 단어의 철자를 바꿀 수는 없었다. 따라서 초기현대영어시기에 일어난 모음이나 자음의 음 변화는 현대영어의 철자에 거의 반영되지 못했다. 결국 중세영어 철자가 그대로 살아남은 반면 음 변화는 계속 일어나면서 현대영어는 발음과 철자가 일대일 대응관계를 이루지 못하는 결과를 낳게 되었다

■ 중세영어 문장부호

중세영어에서의 문장부호 역시 현대영어에 비하면 사용범위가 제한적이고 사용법이 현대영어와 다른 경우도 있었다. 중세영어에 사용된 마침표는 현대영어에서와 달리 항상 문장 끝에 붙는 것이 아니라 통사 단위를 나누는 역할도 했다. 숫자 다음이나, 생략이 이루어진 뒤에도 마침표를 사용했는데 이는 현대영어 용법과 유사하다. 쉼표는

무엇이 철자를 변화시키나?

영어의 다른 영역과 마찬가지로 영어 사용자가 존재하는 한 영어 철자 역시 변화한다. 다양한 요인이 철자를 변화시킬 수 있다. 첫째, 발음의 변화가 철자에 영향을 줄 수 있다. 하지만 발음의 변화가 반드시 철자의 변화를 가져오는 것은 아니다. 언어의 사용자가 보수적이거나, 이미 존재하는 기록물이 충분히 많다면 발음 변화에 따른 철자의 변화를 막을 수 있다. 둘째, 외래어의 영향을 들 수 있다. 중세영어처럼 프랑스어 어휘가 대대적으로 차용되면서 영어에 새로운 표기법이 들어오게 되었다. 셋째, 철자의 표준화가 일어나지 않은 경우 다양한 방언의 존재는 해당 방언에서 사용하는 철자가 서로 서로 영향을 미칠 수 있다. 넷째, 철자개혁과 같은 방법을 사용하여 의도적으로 철자를 바꾸는 방법이 있을 수 있다(철자개혁의 효과에 관해서는 3장 참고).

16세기까지 규칙적으로 사용되지 않았고 짧은 사선(/ virgule)과 고대영어시기에 사용하였던 뒤집혀진 세미콜론(⁏ punctus elevatus)이 현대영어에서의 쉼표와 같은 역할을 했다. 사각괄호나 C를 수정한 형태의 기호(𝄒 𝄓 𝄔)를 단락과 소제목 앞에 붙여 단락과 소제목의 시작을 표시하기도 했다.

2.4 초기현대영어 철자

■ 초기현대영어 철자와 발음의 변화

초기현대영어시기(1500-1800)에는 과거 어느 시기보다도 역동적인 음 변화가 일어났다. 강세음절의 장모음들이 모음대추이(Great Vowel Shift)에 의해 모두 다른 모음으로 바뀌었고, 모음만큼 많은 변화는 아니었지만 자음 역시 변화가 일어났다. 하지만 앞서 언급한 것처럼 1476년 캑스턴이 인쇄기를 영국에 가져온 것은 중세영어시기에 속하지만, 인쇄술이 안정적으로 자리 잡고 영향력을 발휘하기 시작한 것은 초기현대영어시기였다. 따라서 음 변화 이전에 이미 많이 찍혀 나온 인쇄물들에 채택된 철자는 이후에 일어난 음 변화를 철자에 반영할 수 없었을 뿐 만 아니라, 그 이후에 발간되는 인쇄물에도 음 변화를 반영하는 것을 오히려 막는 역할을 하였다. 따라서 이로 인해 현대영어 발음과 철자 사이의 차이를 낳게 되었다.

초기현대영어의 음 변화와 상관없이 이루어진 철자변화가 있는데 중세영어시기에 철자가 동일하였던 중설 장모음의 철자이다. 초기현대영어시기에 이들 철자들이 발음에 따라 구분되어, 중세영어 [ɛː] 발음을 나타내기 위해 사용했던 철자 <e(e)> 대신에 <ea>가 사용되었고

[ɔ:] 발음을 나타내었던 철자 <o(o)> 대신에 <oa>가 사용되었다. 반면에 중세영어 [e:]와 [o:]는 중세영어시기의 철자 <ee>와 <oo>를 대부분 그대로 유지하였다.

  (13) 중세영어: greet, meet > 초기현대영어: great, meat
       중세영어: boot, rood > 초기현대영어: boat, road
     cf. 중세영어: three, meet > 초기현대영어: three, meet
       중세영어: boot, rood > 초기현대영어: boot, rood

초기현대영어시기의 철자에 반영되지 않은 음 변화의 예를 살펴보자. 먼저 모음 변화를 먼저 살펴보면, 초기현대영어시기에 발생한 모음대추이(Great Vowel Shift)는 강세음절의 모음을 다음과 같이 변화시켰다.

  (14) 초기현대영어시기의 모음대추이

중세영어		초기현대영어			현대영어철자
name [a:]	→	[æ:] →	[ɛ:] →	[e]	name
greet [ɛ:]	→	[e]	→	→	great
meet [ɛ:]	→	[e]	→	[i]	meat
meet [e:]	→	[i]	→	→	meet
mice [i:]	→	[əɪ]	→	[aɪ]	mice
mouse [u:]	→	[əʊ]	→	[aʊ]	mouse
boot [o:]	→	[u]	→	→	boot
boot [ɔ:]	→	[o]	→	→	boat

위에 주어진 예시에서 알 수 있듯이 모음대추이 결과는 모음 철자에 반영이 되지 않아 대부분의 경우 중세영어시기에 사용되었던 철자를 그대로 유지하고 있다.

철자에 반영되지 않은 자음의 음 변화를 살펴보자. 중세영어시기의 <h>의 변이음(allophone: 소리의 차이가 뜻의 차이를 가져오지 않는 소리를 말함) 가운데 [x, ç]이 소실되었다. 요프이었다가 <gh>로 바뀐 철자가 나타냈던 발음 [x, ç]는 초기현대영어에 오면 [f]로 바뀌거나 소실되었다. 하지만 이 변화가 철자에 반영되지 못하여 오늘날 우리는 묵음의 <gh>와 [f]로 발음되는 두 가지의 <gh>를 현대영어에 가지게 되었다.

(15) <gh> [f]: cough, enough, laugh, rough, tough
    <gh> ∅: caught, sight, sigh, straight, though

또한 중세영어시기에 모두 발음되었던 어두의 자음군 <kn, gn, wr>이 초기현대영어에 오면 <k, g, w> 철자에 해당하던 [k, g, w]가 발음되지 않게 되었다. 이 음 변화가 철자에 그대로 반영이 되었다면 우리는 현대영어 know, gnaw, write와 같은 철자가 아니라 now, naw, rite와 같은 철자를 사용했을 것이나 발음 소실과 상관없이 철자는 그대로 유지됨으로써 다음과 같은 환경에서 묵음이 되는 <k, g, w> 철자를 가지게 되었다.

(16) <kn> [n](< [kn]): knight, knife, knee, know, knuckle
    <gn> [g](< [gn]): gnarly, gnash, gnat, gnaw, gnome
    <wr> [r](< [wr]): wrap, wreath, wreck, wrist, wrong

인쇄술의 보급으로 인하여 글자를 읽을 수 있는 인구가 증가함에 따라 철자가 발음을 바꾸는 철자대로 발음하기(spelling pronunciation)가 증가하였다. 중세영어시기에 프랑스어나 라틴어에서 <h>로 시작

되는 많은 단어들을 차용하였고 프랑스와 라틴어에서 [h] 발음이 탈락하면서 철자는 있으나 발음은 없는 단어들이 많았다. 그러나 초기 현대영어시기가 되면서 철자로만 남아있던 <h>가 다시 발음되는 단어들이 많아지게 되었다. 결국 철자대로 발음하기의 영향으로 인하여 오늘날 <h>로 시작되는 단어들의 발음은 두 종류로 나뉘게 되었다.

  (17) <h> [h]: habit, hectic, heritage, history, horror, human
       <h> ∅: heir, hour, honor, honest

또한 당시 학자들이나 소위 식자들은 그리스어나 라틴어에 대한 지식을 자랑하기 위해 중세영어시기에 라틴어나 프랑스어에서 차용된 단어의 철자를 그리스어나 라틴어 어원에 보다 가깝게 수정하였는데 이를 어원 철자(etymological respelling), 멋내기 재철자(fancy respelling) 또는 라틴어식 재철자(Latin Respelling)라고 불렀다. 예를 들어 고대프랑스어인 teatre '극장'은 중세영어에 차용되어 사용되기 시작하였다. 하지만 초기현대영어시기에 들어 이 단어의 어원이 되는 그리스어 theatron과 좀 더 유사한 철자를 만들기 위해 <t> 뒤에 <h>를 넣게 되었고, 오늘날의 철자 theatre(영국영어), theater(미국영어)가 되었다. 처음 <h>를 넣을 당시에는 발음에 영향을 주지 않아 <th> 부분을 [t]로 발음하였으나 기존의 영어 철자 <th>의 영향으로 나중에는 [θ]로 발음되었는데 이것이 바로 앞에서 언급한 철자대로 발음하기로 인한 것이다.

멋내기 재철자에 의해서 주로 삽입된 철자는 <b, d, l, h, t>인데, 이렇게 삽입된 철자는 현대영어에서는 묵음으로 남거나 혹은 다시 발음이 되기도 하는 등 다양한 변화를 거쳤다. 당시 멋내기 재철자로 인하여 철자가 바뀌어 현대영어에까지 사용되고 있는 단어들의 예를 살펴보면 다음과 같다.

(18) 멋내기 재철자의 예

ME	OE/OF(어원)	EModE/ModE	Latin or Greek(어원)
trone	OF trone	throne	thronos
teatre	OF teatre	theatre	theatron
antefne	OE antefn	anthem	antiphona
apotecarie	OF apotecaire	apothecary	apothecarius
ancre	OE ancor	anchor	anchora
receit	OF receite	receipt	recepta
caitif	OF caitiv	captive	captivus
cors	OF cors	corpse	corpus
endite	OF enditer	indict	indictare
vitaile	OF vitaille	victual	victualia
perfit	OF parfit	perfect	perfectus
faute	OF faute	fault	fallita
vautr	OF vaute	vault	voluta
samon	OF saumon	salmon	salmo
assoil	OF assorbir	absolve	absolvere
det	OF dette	debt	debitum
dout	OF doute	doubt	dubitare
feverel	OF feverier	February	februarius mensis
aventure	OF aventure	adventure	adventurus
avice	OF avis	advice	ad + visum
avauncer	OF avancer	advance	abante
avocat	OF avocat	advocate	advocatus

(OE: Old English, OF: Old French, EModE: Early Modern English, ModE: Modern English)

(18)에 주어진 멋내기 재철자에 의해 삽입된 자음들 가운데 아직 발음에 반영되지 않은 경우는?

 corpse의 <p>, receipt의 <p>, indict의 <c>, victual의 <c>, salmon의 <l>, debt와 doubt의 <b>

■ 초기현대영어 문장부호

초기현대영어시기에는 현재 우리가 사용하고 있는 문장부호가 도입되었다. 짧은 사선을 대신한 쉼표가 등장하였고, 축약형에는 홑따옴표(aphostrophe)가 사용되기 시작했다. 소유격에서의 홑따옴표는 단수의 경우(예: brother's)는 17세기에, 복수의 경우(예: brothers')는 18세기에 사용하기 시작했다. 또한 이 시기에는 문장 처음에 오는 단어와 고유명사의 첫 글자를 대문자로 쓰기 시작했으나 현대영어에서처럼 규칙적이고 안정적으로 대문자를 사용하지는 못하였다. 일반명사의 경우 간혹 특별한 이유 없이도 첫 글자를 대문자로 표기하는 경우도 많았다. 이 시기에 일인칭 단수 <I>가 대문자로 표기되기 시작하였다.

영어 Thames 강은 어떻게 발음될까?

이 강이 런던에 있는 강이라면 템즈 [tɛmz]로 발음된다. 영어의 소리체계를 알고 있다고 생각하는 외국인들은 [θeɪmz]로 발음하는 경우가 종종 있는데 그 이유는 영어 철자 <th>가 일반적으로 치조 마찰음 [θ](혹은 [ð])로 많이 발음되고 <a>는 어말 묵음<e>의 영향으로 자주 [eɪ]로 발음되기 때문이다. 하지만 이 단어는 원래 Tamesis였는데 중세영어시기의 필경사에 의해 철자 <h>가 삽입되었기 때문에 당시 발음과는 다른 철자를 갖게 되었다. 즉 템즈 강은 어원에 충실한 발음이라 할 수 있다.

이 강의 이름은 캐나다와 미국에서도 발견되는데 미국의 경우 철자는 같지만 발음은 철자대로 발음하기가 적용되어 대부분 [θeɪmz] (간혹 [teɪmz]도 발견됨)로 발음된다. 캐나다에서는 영국식 발음([tɛmz])이 많이 사용되지만 간혹 두 가지 발음이 다 발견되기도 한다.

제3장

철자개혁

3.1 철자개혁의 배경과 필요성
3.2 철자개혁 이전의 움직임
3.3 미국과 영국에서의 철자개혁
3.4 철자개혁에 대한 찬성과 반대

로만 알파벳을 사용하고 있는 영어는 기본적으로 음소문자 체계이다. 하나의 글자가 하나의 음소를 나타내는 음소문자 체계는 다음과 같은 원칙을 지켰을 때 이상적이라고 학자들은 말한다 (Rollings 1998:129).

- 각각의 음소는 하나의 글자로 표기된다.
- 음소와 글자 사이에는 일대일 대응관계가 성립한다. 따라서 하나의 음소는 항상 같은 하나의 문자로 표기되며 또한 하나의 문자는 항상 하나의 음소를 대표한다.
- 각각의 글자가 갖는 기능은 단순히 하나의 음소를 표기하는 것이다.

그러나 문제는 아무리 완벽한 음소문자 체계라 할지라도 이 세 가지 원칙을 다 만족시키는 경우는 거의 없다는 것이다. 모든 언어들은 철자와 발음과의 상관관계에 있어서 어느 정도의 불규칙성이나 예외를 갖고 있을 수밖에 없다. 그 이유는 철자는 인쇄술의 발달과 함께 정착된 이후 거의 변하지 않는 반면 음 변화는 지속적으로 이루어지기 때문이다. 특히 영어의 경우 역사적인 원인으로 인한 묵음이 다른 언어들에 비해 많은 편이어서 글자와 음소 사이에 일대일 대응관계가 성립되지 않는 경우가 많다.

이처럼 영어의 철자체계에 대해 많이 알고 있지 않은 사람들조차 몇 개의 영어 단어를 쓰다보면 영어는 음소문자 체계가 갖고 있는 원칙을 모두 위배하고 있음을 쉽게 알 수 있게 된다. 영어에 있는 음소들 중 적어도 14개의 음소는 대응하는 고유의 알파벳 기호가 없고, 게다가 알파벳에는 있지만 실제 발음에는 다른 글자를 사용해서 쓰는 경우가 많아 대응하는 소리가 없어지면서 결국 기본적인 기능조차 아예 잃어버린 글자도 있다. 결과적으로 영어철자체계는 해결해야할 문제를 많이 안고 있는, 따라서 개혁이 필요하다는 생각을 하게 된다.

3.1 철자개혁의 배경과 필요성

영어의 철자체계의 문제점을 개선하고 보다 이상적인 음소문자 체계에 가깝게 고치려는 노력들은 그동안 여러 차례 있어왔다. 2장에서 살펴본 것처럼 고대영어시기에 도입된 로만 알파벳을 기본으로 본격적으로 시작된 영어의 철자는 표준영어가 성장하기 시작했던 초기현대영어시기까지 천년의 세월 동안 여러 가지 역사적인 이유로 인해 수많은 변화를 거듭하면서 이상적인 음소문자 체계에서는 점점 멀어지게 된 것은 사실이지만 실제로 중세시기까지만 해도 학자들이 이에 대한 학문적인 관심을 보이거나 구체적인 문제 제기를 한 것은 아니었다.

16세기가 되자 학자들과 대중들은 라틴어나 프랑스어가 아닌 영어라는 언어에 대해 새롭게 관심을 가지기 시작했고 이때부터 보다 구체적으로 철자와 발음의 차이를 줄이고자 하는 움직임들이 있었다. 초기에는 주로 어원학자들이 영어의 철자체계를 개선하려고 노력했는데 그러나 이로 인해 당시의 노력은 오히려 여러 가지 잘못된 철자를 만들어 내기도 했다.

철자에 대한 관심, 보다 구체적으로 말해서 '정확한' 철자에 대한 관심은 초기현대영어시기인 16세기말부터 시작되었다고 볼 수 있다. 이후 17세기에는 발음과 철자에 대한 수많은 저서들이 출판되면서 특히 정음학자들(orthopedists)의 올바른 철자에 대한 관심이 집중되었다. 그러나 철자개혁(spelling reform)이라고 불릴 만큼 체계적인 움직임으로 나타난 철자의 변화는 18세기와 19세기에 문법학자들을 중심으로 이루어졌으며 영국과 미국에서 서로 다른 내용과 형태로 진행되었다. 그리고 20세기까지도 대서양을 가운데 두고 철자개혁을 주장하는 수많은 학자들이 보다 이상적인 음소문자 체계를 만들려고 노력하기도 했다. 그 결과, 개선된 내용이 전혀 없는 것이 아니지만 궁극적으로 영국영어식 철자와 미국영어식 철자라는 또 다른 문제를 낳게 되었다.

철자개혁과 관련하여 염두에 두어야 하는 사실은 철자개혁은 어떤 언어이든지 두 가지 방향으로 전개된다는 점이다. 하나는 아예 새로운 문자체계, 즉 해당언어에 있는 모든 음들을 나타낼 수 있는 알파벳을 제안하는 것이고, 다른 하나는 기존의 문자체계를 유지하되 구체적인 단어에서의 불규칙적인 철자체계를 개선하는 것이다. 음소문자인 알파벳을 사용하고 있는 한 발음과 철자의 차이를 줄이기 위해서는 보다 완벽한 음소문자에 가까워져야한다는 전제가 있기에 철자개혁은 이 두 가지 방향이 될 수밖에 없다.

영국과 미국에서의 철자개혁 또한 이 두 가지 방향에서 크게 벗어나지 않는다고 할 수 있다. 몇몇 학자들은 새로운 문자체계를 제안한 반면 또 다른 학자들은 구체적인 단어에서의 불규칙적이거나 예외적인 철자를 바꾸는 것으로 철자개혁을 단행하려고 했다. 이제 영국과 미국에서의 철자개혁에 대해 보다 자세하게 살펴보도록 한다.

3.2 철자개혁 이전의 움직임

■ '사용과 관습'의 영어의 철자체계

16세기에 들어서면서 많은 학자들이 영어의 철자체계의 문제점을 지적하고 이를 개선하기 위한 방안을 제안하기 시작했다. 라틴어에서 차용어를 들여오기보다는 고유의 어휘인 초서 시대의 고어를 사용하자고 주장했던 존 치크 경(Sir John Cheke: 1514-57)의 뒤를 이어 수많은 학자들이 보다 이상적인 영어의 철자체계를 수립하기 위해 설왕설래를 했다.

현대영어의 철자 원칙이라고 볼 수 있는 '사용과 관습(usage and custom)'에 입각한 철자체계는 1582년 리처드 멀캐스터(Richard Mulcaster)의 『초급문법(The Elementarie)』에서 제안되었고 영어의 철자체계는 비로소 안정되기 시작했다. 멀캐스터의 원칙은 음성적인 것과 실용적인 것의 타협이라고 볼 수 있었는데 소리를 정확하게 표현하기 위해 철자를 지나치게 바꾸는 것을 지양했으며 발음은 계속 변화해갈 수밖에 없기 때문에 수많은 음 변화에 대해 일일이 철자를 바꾸는 것의 한계를 인정하기 시작했다. 멀캐스터에 의해 putt, ledd, grubb 등의 단어에서 선행모음이 단음임을 알려주기 위한 기능을 했었던 겹자음 중 하나가 탈락되어 put(놓다), led(lead 이끌다의 과거형), grub(파헤치며 찾다)이 되었고, 대신 tall(키가 큰)이나 generall(일반적인) 등의 단어에서는 어말이라는 이유로 겹자음이 유지되었다. 또한 선행모음이 장음임을 알려주기 위한 어말 묶음 <e>는 그대로 남았다.

1564년에는 토마스 스미스(Thomas Smith)의 『정확하고 향상된 영어 쓰기에 대한 대화록(De reta at emendata linguae Anglicae scription dialogus, Dialogue concerning the Correct and Emended Writing of the English Language)』과 음성적 표기를 주장한 존 하트(John Hart)의 1569년 『철자법(An Orthographie)』를 더욱 발전시킨 1570년의 『교육받지 못한 사람이 영어를 읽을 수 있도록 가르치기 위한 편안한 입문서(A Method Comfortable Beginning for All Unlearned, Whereby They May Bee Taught to Read English)』가 출판되었다. 1580년에는 윌리엄 불로카(William Bullokar)의 『철자법 향상을 위한 책(Booke at Large for the Amendment of Orthographie)』이 출판되는 등, 영어발음과 철자에 대한 저서를 통해 많은 학자들이 영어 철자의 올바른 표기법을 제안하기 시작했다.

1621년에는 알렉산더 길(Alexander Gill)의 『영어의 논리(Logonomia Anglica)』와 1634년 찰스 버틀러(Charles Butler)의 『영어문법(English Grammar)』이 출간되었다. 1662년 제임스 호웰(James Howell) 또한 몇 가지 철자개선을 제안했는데 logique → logic(논리적인), warre → war(전쟁), sinne → sin(죄), toune → town(마을), true(진실한) → tru 등이었다. 그의 제안은 대부분 받아들여져 현대영어 철자 형태를 보여주고 있다. 이어 에드워드 필립스(Edward Phillips)의 1658년 『영어 단어의 신세계(The New World of English Words)』가 출판되면서 영어의 철자체계는 안정적인 시기에 들어섰다.

사실 영국에서는 철자체계가 어느 정도 안정된 후에 이를 완전히 뒤바꿀만한 본격적인 철자개혁에 대한 움직임이나 이로 인한 철자 수정은 이루어지지 않았다고 볼 수 있다. 다만 영어의 위치가 격상되면서 표준을 삼을만한 규범적인 영어에 대한 관심이 높아졌기에 영어의 문법이나 철자체계 그리고 어휘변화에 대한 여러 가지 논의들은 있었으며, 더욱 활발해진 사전의 출판과 함께 영어의 철자체계에 대한 기준 혹은 모범이 되는 형태를 보다 안정화시키는 데 영향을 미쳤다.

영어에 대한 관심이 높아진 것을 입증하는 움직임 중 첫 번째는 학술원 설립을 위한 것이었다. 영국에서는 한동안 자신들의 언어에 대한 감독통제기관이라고 할 수 있는 학술원(English Academy)을 설립하고자 하는 움직임이 있었다. 수필가 애디슨(Addison)은 1711년 헌법에 정해져있는 몇몇 사람들이 법과 자유와 상거래를 감독하는 것처럼 자신들의 언어를 감독할 사람이 있었으면 좋겠다는 희망을 토로한 적이 있었다. 조나단 스위프트(Jonathan Swift)는 이를 보다 구체적으로 실현시키기 위해『영어를 고정하고 향상시키고 확정하기 위한 제안서 (Proposal for Correcting, Improving, and Ascertaining the English Tongue)』(1712)를 냈다. 여기서 그는 문법을 위한 규칙을 공식화하고 잘못된 용법은 없애거나 수정하는 영구적인 기준을 세울 수 있도록 학술원을 만들자고 제안했다.

애디슨과 스위프트의 제안에 대해 당시 학계에서는 수많은 논의가 오고갔지만 결국 사무엘 존슨(Samuel Johnson)이 1755년 출간한 자신의 사전 서문에서 밝힌 것처럼 '언어를 고정시키려는 노력은 결코 바람직하지 않다'는 결론에 이르게 되었다. 더군다나 이미 프랑스에는 학술원이 있음에도 불구하고 프랑스어는 계속 변하고 있다는 걸 알아차린 사람들이 학술원 설립을 반대하면서 영국에서의 학술원 설립은 실패했다.

학술원을 설립하는 대신 모범적인 영어를 만들고자 하는 학자들의 노력은 존슨의 『영어사전(The Dictionary of the English Language)』(1755)과 이후 수많은 문법학자들의 규범문법서 집필이라는 결과로 나타나게 된다. 이 시기에 우리의 관심을 끌만한 문법서로 조세프 프리슬리(Joseph Pristley)의 『초급영문법(The Rudiments of English Grammar)』(1761)과 로버트 라우스(Robert Lowth)의 『영어문법개론(Short Introduction to English Grammar)』(1762) 등이 있다.

19세기에는 적어도 856권의 영어문법서들이 영국에서 발간되었는데 이들은 모두 올바른 영어를 위한 규칙을 나름대로 설정했지만 실제로는 문법규칙은 언제든지 위반될 수 있는 가능성이 있었다. 그러나 영어를 통제하고 규칙화하여 표준영어라는 체계를 만든 후 모든 사람들에게 전파시키고 교육시키고자 했던 당시 학자들의 노력은 어느 정도 성공을 했다고 볼 수 있다.

이러한 성공은 앞에서 언급한 존슨의 사전을 거쳐 드디어 수많은 영국 국민들이 편집 작업에 참여하여 완성한 『옥스퍼드 영어사전(Oxford English Dictionary)』(1928)을 통해 그 결실을 맺게 된다. 무엇보다도 영국에서의 철자개혁의 중심에 서있다고 볼 수 있는 것은 사전의 출판이다. 따라서 본격적인 철자개혁의 움직임을 살펴보기 전에 사전에 대한 내용을 먼저 살펴보도록 한다.

■ 영어 철자와 사전

영어 철자에 있어서 사전의 역할은 상당히 크다. 라틴어를 비롯한 외국에서 차용된 어려운 외래어들을 쉽게 설명하기 위해 사전을 맨 처음 만들어 낸 것도 영국이었고, 현재 가장 많은 수의 사전이 있는 언어도 영어이며 가장 많은 어휘를 수록하고 있는 사전도 바로 영어

사전이다. 이처럼 영어와 사전은 불가분의 관계에 있으며 특히 철자는 사전에서 가장 핵심이 되는 요소라고 할 수 있다. 여기서는 영어사전들 중 역사적으로 특별한 의미가 있는 4개의 사전을 골라 자세히 살펴보도록 한다.

1) 『알파벳순으로 된 단어 테이블(A Table Alphabeticall)』

영어사전의 역사는 로버트 코드리(Robert Cawdrey)가 1604년 2,603개의 라틴어에서 온 어휘들을 모아 그 뜻을 설명한 『알파벳순으로 된 단어 테이블』에서부터 시작되었다. 코드리의 사전은 책 제목이 너무 길어 일반적으로 줄인 이름을 사용하고 있다. 원래 제목은 "A table alphabeticall conteyning and teaching the true writing, and vnderstanding of hard vsuall English wordes, borrowed from the Hebrew, Greeke, Latine, or French, &c. With the interpretation thereof by plaine English words, gathered for the benefit & helpe of ladies, gentlewomen, or any other vnskilfull persons. Whereby they may the more easilie and better vnderstand many hard English wordes, vvhich they shall heare or read in scriptures, sermons, or elswhere, and also be made able to vse the same aptly themselues." "희랍어, 그리스어, 라틴어와 프랑스어 등에서부터 차용된 어려운 일상 영어 단어들을 이해하고 잘 사용할 수 있도록 가르치는, 알파벳 순서로 된 일람표로 여기 수록된 단어들은 숙녀들, 상류층 부인들, 그리고 배우지 못한 사람들을 위해 쉬운 영어로 해석해 놓아 이를 통해 성서나 설교, 혹은 여러 경우에 듣거나 읽는 데 어려운 영어 단어를 쉽게 그리고 잘 이해함으로써 즉각 이용할 수 있도록 하기 위한 책"이라는 아주 긴 제목으로 책 내용을 그대로 보여주고 있다.

2) 『영어사전(A Dictionary of the English Language)』

코드리의 사전 이후 수많은 사전들을 거쳐 드디어 1755년 사무엘 존슨이 『영어사전(A Dictionary of the English Language)』을 출간함으로써 근대적인 의미에서 최초의 단일 언어(monolingual)를 사용한 사전이라는 결실을 내기에 이르렀다.

존슨의 사전은 영어의 순화와 고정화를 목적으로 편찬된 것이었다. 출간 작업은 7년이 걸렸는데 존슨 본인은 3년 만에 끝냈을 수 있을 것이라고 장담했었다고 한다. 그러나 혼자서 7만 5천 개의 단어에 대한 여러 자료를 수집, 정리했으면서도 어휘 설명에 있어서 이전과는 다른 높은 완성도를 보인다는 점, 각 단어마다 용례를 들고 있다는 점, 따라서 다음에 나오게 되는 옥스퍼드 영어사전이 수많은 역사적인 문헌을 조사하고 분석해서 인용을 하는 작업을 시작하는 근거가 되었다는 점에서 가치를 높이 평가받고 있다.

3) 『옥스퍼드 영어사전(Oxford English Dictionary)』

옥스퍼드 영어사전 *OED*는 그동안 이루어졌던 영어사전의 집대성이라고 할 수 있다. 1857년부터 준비 작업이 시작되었지만 초기에는 별다른 성과를 보이지 않다가 존 머레이(John Murray)가 편집 책임을 맡은 후 자료수집이 활발해지면서 드디어 1928년 1판을 출판하게 되었다. 최초의 이름은 『역사적인 원칙에 근거한 신 영어사전: 어원학회에서 수집한 자료를 중심으로(A New English Dictionary on Historical Principles: Founded Mainly on the Materials Collected by The Philological Society)』이었다.

*OED*는 충분한 권위를 가지고 구어체 영어이든 문어체 영어이든 다 포용하면서 모든 단어들에 대해 그 기원과 역사적인 변화와 파생

어와 의미와 용법들을 모두 기록하려고 노력했다고 편집자 머레이는 초판 서문에서 말하고 있다. 그러나 특히 구어체 영어인 경우 사전에 등재되기 위해서는 어느 정도의 권위를 인정받아야하는데 누가 그것을 인정하는 판단을 내릴 수 있는가에 대한 문제가 필연적으로 대두되었고 따라서 등재된 대부분의 단어들은 순수한 구어체 영어이기보다는 문헌에서 발췌되는 경우에만 가능했다고 볼 수 있다. 결국 *OED*는 원래의 의도와는 달리 실제적으로는 문어체에서의 표준영어를 체계적으로 기록해놓은 결과물이라고 하겠다.

1989년에 출판된 2판에는 약 40만개의 단어가 수록되어있는데 1985년부터 자료가 전산화되기 시작하여 현재 3판에 대한 출판 작업이 진행되고 있다. 2000년부터 만들어진 온라인 사전에는 2011년을 기준으로 수록되어있는 단어수가 75만 개가 넘고 매년 수많은 새로운 단어가 계속 등재되고 있을 정도로 방대한 양을 자랑하고 있다. 옥스퍼드 영어사전의 경우 각 지역에서 발견할 수 있는 철자 이형들도 최대한 수록하고 있는데 영국뿐만 아니라 전 세계에서 지역어의 영향을 받아 만들어지는 철자 이형들도 수록하고 있다.

4) 『미국영어 사전(An American Dictionary of the English Language)』

미국의 노아 웹스터(Noah Webster)는 그의 첫 번째 사전인 『간결영어사전(A Compendious Dictionary of the English Language)』(1806)을 출판한 이후 그의 두 번째 사전인 『미국영어 사전(An American Dictionary of the English Language)』을 1828년 출판한다. 웹스터가 이 사전을 완성하는데 20여년이 걸렸으며, 이 사전에는 7만 단어가 수록되어 있고 이 가운데 1만 2천 단어는 이전에 출판된 어느 사전에도 없는 단어들이라고 한다. 또한 웹스터는 단어의 어원을 판단하기 위해 26개의 언어를 배웠다고 한다.

웹스터는 합리적이지 못한 철자에서의 오류를 지적하고 이에 대한 개선안을 제안했다. 그의 개선안은 다음의 세 가지 원칙에 입각하고 있다. 첫째, 모든 형식적(치장에만 그치는)이거나 묵음이 되는 철자는 생략한다. 둘째, 애매하거나 부정확한 음을 나타내는 문자는 좀 더 정확한 음을 나타내는 문자나 문자의 조합으로 대체한다. 셋째, 서로 다른 음들을 구분하기 위해 다소간의 변경이나 추가 문자는 허용한다. 그의 개선안은 가능한 발음과 철자 사이의 차이를 줄이는 것이 주된 사항이었고 이를 사전에 반영하고자 하였다. 그러나 이 세 가지 원칙 외에도 웹스터는 어원과 위대한 문호들의 철자들을 더 선호한 것도 사실이었으며 유추에 따른 철자에 대한 해석 또한 일관되지 못했던 것도 사실이다. 웹스터의 새로운 철자는 미국 국민들에게는 받아들여졌지만 영국에서는 받아들여지지 않아 현대영어에서 미국영어 철자와 영국영어 철자가 서로 다르게 사용되는 원인이 되었다.

3.3 미국과 영국에서의 철자개혁

이제 본격적으로 영국과 미국에서의 철자개혁의 움직임을 살펴보자. 무엇보다도 영어철자에 대한 관심은 식자율의 증가에서부터 그 원인을 찾아볼 수 있다. 역사학자 로선과 실버(Lawson & Silver 1973)의 통계자료에 의하면 글을 읽을 줄 아는 사람들을 대상으로 하는 조사는 1860년대에 가서야 처음 시작되었는데 당시의 식자율은 남성 66퍼센트, 여성 50퍼센트에 불과했으나 19세기 말에는 남성과 여성 모두 97퍼센트로 급격히 증가했다고 한다. 이는 영국과 미국에서 있었던 철자개혁 운동이 본격적으로 일어나기 시작한 시기와도 일치하는 것으로 그만큼 철자에 대한 관심은 식자율의 증가와도 관련이 있다고 할 수 있다.

식자율에 대한 조사가 시작되면서 비로소 영어의 철자체계를 개선하기 위한 일련의 노력들, 즉 철자개혁이라고 불릴 만한 움직임이 구체화되었다. 이 움직임은 영국과 미국 두 나라의 학자들이 함께 철자체계를 개선하고자 공동의 노력을 기울이기로 동의하면서 대서양을 사이에 두고 양쪽에서 함께 진행되면서 시작되었다.

■ 미국의 철자개혁

미국의 철자개혁에 대한 논의에는 맨 먼저 벤자민 프랭클린의 이름을 떠올리지 않을 수 없다. 프랭클린은 미국의 철학가, 과학자, 정치가였는데 그의 인생 말년에는 특히 철자를 개혁하기 위한 노력을 가장 많이 했다고 한다. 프랭클린은 모든 사람들이 최소한의 노력만으로 철자를 할 수 있는 능력을 갖게 해주고 싶다는 일념으로 연구를 했고 직접 새로운 알파벳을 만들어 친구에게 보내기도 했었다. 프랭클린의 알파벳은 전통적인 로만 알파벳 중 <c, j, q, w, x, y>를 제외하고 기존의 문자를 수정한 형태의 6개 글자를 합하여 총 26개의 부호로 구성된 음소철자체계였다.

그러나 프랭클린의 노력은 다만 개인적인 노력에 불과했다. 자기 자신을 만족하기 위해 만들었을 뿐 성공적인 개혁을 추진하기 위해 애를 쓰면서 널리 알리고자 했던 것도 아니었다. 다만 전해지기로는 철자개혁에 대한 필요성을 웹스터에게 설득하고자 노력했고 그 결과 초기에는 철자를 바꾸는 데 별 관심이 없었던 웹스터가 태도를 바꾸어 철자를 바꾸기 위한 노력을 기울이게 되었다고 한다.

벤자민 프랭클린(Benjamin Franklin, 1701-1790)과 철자개혁

벤자민 프랭클린은 미국 '건국의 아버지(Founding Fathers)' 중 한 사람으로 미국의 정치인이자 사상가이며 외교관으로 미국인들의 사상에 큰 영향을 미쳤다. 특히 프랑스 군과의 동맹을 성립시키는 등 미국 독립에 중추적인 역할을 했다. 계몽사상가로 피뢰침, 다 초점렌즈 등 다양한 발명품을 만든 것으로도 유명하다. 현재 백 달러짜리 달러화에 초상화가 들어가 있는 인물이다. 평소 절제와 침묵 등 13개의 덕목(virtues)을 지키려고 노력한 그는 겸손이라는 덕목이 가장 지키기 힘들었다고 고백하기도 했다.

프랭클린은 철자개혁에 관심이 많았다. 무엇보다도 실용과학에 관심이 있었던 만큼 발음과 문자가 일치하지 못하는 영어의 철자체계는 비실용적이라고 생각되었던 것이다. 따라서 철자개혁의 필요성을 웹스터를 비롯한 주변 친구들에게 끊임없이 설파하였고 독자적으로 새로운 알파벳을 만들어 사용하기도 했다.

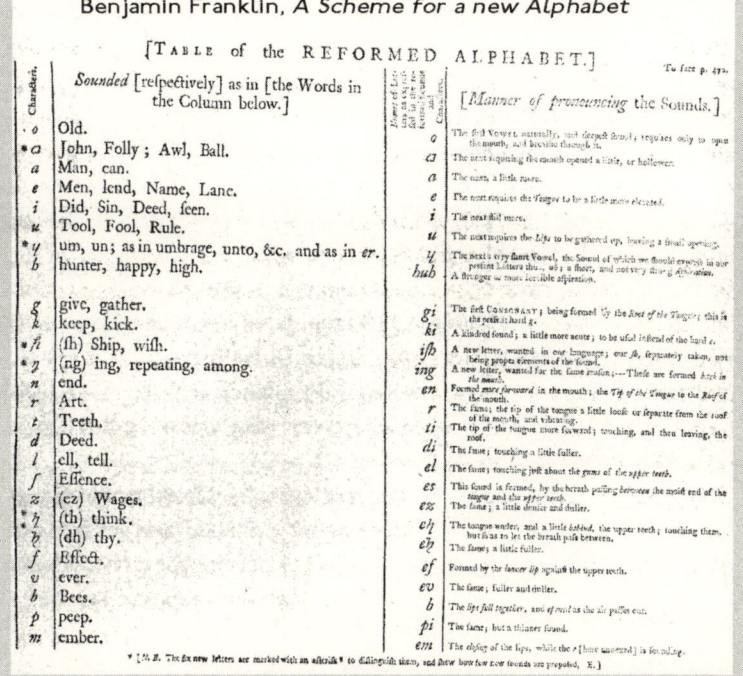

〈그림 1〉 프랭클린이 만든 알파벳

간접적으로나마 프랭클린의 영향을 받은 웹스터는 음성적인 원칙에 입각하되 변화로 인한 혼란을 줄이기 위해 다소 덜 급진적인 철자 개혁을 주장했다. 그 결과 웹스터는 묵음이 되거나 장식으로만 사용하는 철자는 되도록 제거하고, 발음을 나타나기에는 부정확한 문자의 조합은 다르게 만들어 보다 정확하게 발음을 나타낼 수 있도록 했다. 특히 같은 철자이지만 서로 다른 발음을 나타내는 동음이의어들을 되도록 줄이기 위해 기존의 철자를 약간 다르게 만들기도 했다. 53쪽에서 이미 언급했듯이 웹스터의 새로운 철자는 미국 국민들에게는 받아들여졌지만 영국에서는 받아들여지지 않아 현대영어에서 미국영어 철자와 영국영어 철자가 서로 다르게 사용되는 원인이 되었다(웹스터의 철자개혁으로 인해 변화된 미국영어 철자의 구체적인 모습은 4장에서 제시된다).

웹스터의 사전 이후에 미국영어 철자는 어느 정도 안정적인 모습을 보였다고 할 수 있다. 그러나 웹스터에서 완성이 되지 못한 철자체계의 정비는 다시 한 번 시험대에 오르게 되었고 1876년 8월 필라델피아에서 "영어 철자를 개선하기 위한 국제 학술대회(International Convention for the Amendment of English Orthography)"가 개최되었다. 이후 영어철자개혁협회(English Spelling Reform Association)와 미국철자개혁협회(American Spelling Reform Association)가 만들어졌다. 이 단체들이 만든 새로운 철자의 예는 are(be 동사의 2,3인칭 복수형) → ar, give(주다) → giv, have(가지다) → hav, live(살다) → liv, though(비록 ~이긴 하지만) → tho, through(~를 통해서) → thru, guard(경비원) → gard, catalogue(목록) → catalog, (in)definite((불)확실한) → (in)definit, wished(원하다 wish의 과거형) → wisht 등이지만 catalog를 제외하고는 현대영어에서 살아남지 못했다. 1898년 미국교육협회(American National

Education Association)에서도 새로운 철자 tho, altho, thoro, thorofare, thru, thruout, catalog, decalog, demagog, pedagog, prolog, program 등을 만들었는데 이 경우에도 catalog(목록)와 program(프로그램)만이 현대영어에서 사용되고 있다.

1906년 철자단순화이사회(Simplified Spelling Board)가 미국에서 처음 설립되었다. 이사회의 목표는 기본적으로 철자개혁협회가 하던 작업을 계속해서 비교적 흔한 단어들에서부터 단순화된 철자 사용을 촉진하는 것이었다. 당시 철자개혁을 주도하던 앤드류 카네기(Andrew Carnegie)의 재정지원과 루즈벨트(Theodore Roosevelt) 대통령의 정부지원으로 순조롭게 진행되던 중 1906년 의회에서 단순화된 철자가 아닌 기존의 철자체계를 다시 사용할 것을 결정하면서 위기를 맞게 되었다. 철자단순화이사회의 제안으로 단순화된 철자 중에서 현재까지 사용되고 있는 단어는 anaemia/anæmia → anemia(빈혈)와 mould → mold(틀)에 불과하며 mixed(섞인) → mixt 등은 사용되지 않고 있다.

> **앤드류 카네기(Andrew Carnegie, 1835-1919)**
>
> 미국의 철강 재벌인 앤드류 카네기는 스코틀랜드 출신으로 가난한 이민자의 아들로 태어났으나 펜실베이니아 철도회사에 근무하면서 철강 사업을 통해 큰 돈을 벌었다. 이후 거액의 기부금을 교육, 문화 분야에 기증해 지금까지도 곳곳에 그의 이름이 남아있다. 1902년 당시로서는 천문학적 액수인 천만 달러를 기부하여 공공도서관 건립을 지원하는 워싱턴 카네기협회를 설립한 후 미국 전역에 2500개의 도서관을 지었다. 그밖에도 카네기홀, 카네기공과대학, 카네기 교육진흥재단, 카네기멜론대학교를 설립했다. 철자개혁에도 관심이 많았던 그는 1906년 철자단순화이사회를 설립해서 재정지원을 하게 되었다. 영어는 미래의 세계어가 될 것이며 따라서 범세계적인 평화를 이끌어나갈 역할을 담당하게 되겠지만 모순되고 어려운 철자에 방해를 받아서는 안 된다고 생각을 했다고 한다. 철자단순화이사회에서 만들어진 수정안에 대해 대중 스스로가 수용여부를 결정하리라 기대했던 카네기는 기대했던 만큼 수정된 철자가 신문 등의 대중매체에서 사용되지 않자(특히 동부지역) 결국 재정지원을 중단했다.

시어도어 루즈벨트(Theodore Roosevelt, 1858-1919)

미국의 제26대 대통령인 루즈벨트는 철자개혁에 아주 적극적이었다. 그는 국민들에게 필요한 것이고 국민들이 원한다면 무엇이든 할 수 있는 힘이 대통령에게 있다고 생각을 했고 따라서 외교정책이나 혹은 경기부양정책만큼이나 철자개혁 또한 이루어질 수 있다고 생각했다. 철자개혁에 대한 루즈벨트의 과도한 집착은 '스펠링게이트(Spellinggate)'라고 불리게 된 사건을 일으키기도 했다. 루즈벨트가 철자개혁 법안을 의회에 상정하자 심의를 하는 과정에서 대통령의 권한에 대한 재고가 이루어지게 되었고 결국 철자개혁에 대한 필요성은 감소되었다. 이 사건은 철자개혁이 어떤 식으로 이루어지는 것이 가장 민주적인지 혹은 가장 효율적인지에 대해 다시 한 번 생각해보는 계기가 되었을지도 모른다. 철자개혁은 국민을 위해 만들어지긴 했으나 국민에 의해 만들어진 것이 아니라 몇몇 전문가들에 의해 만들어진 것이기 때문이다. 결국 1915년 카네기의 재정지원이 끊기면서 루즈벨트의 철자개혁 시도는 실패하고 말았다.

앤드류 카네기의 재정 후원이 끊어지자 1920년 미국의 철자단순화 이사회는 결국 해체되고 말았다. 이후 1934년부터 1975년까지 철자개혁을 적극적으로 후원하던 미국의 유력 일간지 『시카고 트리뷴』은 새로운 철자를 신문에 사용하면서 독자들의 참여를 이끌어내려고 노력했으나 실패하고 말았다. 트리뷴이 소개한 새로운 철자는 tho, thru, thoro, agast, burocrat, frate, harth, herse, iland, rime, staf, telegraf 등이었다. 이들은 현대영어에서는 하나도 살아남지 못했지만 1950년대에 출간된 펑크와 워그날스(Funk & Wagnalls)의 사전에는 300가지의 새로운 철자 단어들이 전통적인 철자와 함께 실리기도 했다고 한다.

> **시카고 트리뷴(Chicago Tribune)**
> 미국의 대표 일간지 중 하나인 시카고 트리뷴지는 철자개혁을 열렬히 지지하는 입장이었다. 실제로 철자단순이사회의 동의를 거쳐 철자가 바뀐 단어들 약 80개를 신문에 사용하겠다고 공표함으로써 미국 국민들에게 새로운 철자를 홍보하려고 노력했다. 이 노력은 약 40년 동안 계속되긴 했으나 실제로는 시간이 가면서 사용 단어의 개수가 점점 줄어들었고 결국 1975년 새로운 철자가 혼란을 일으킨다는 이유를 들어 공식적으로 철자개혁을 포기했다. 트리뷴지의 계속된 노력에도 불구하고 그 어떤 출판사도 새로운 철자를 받아들이지 않았기 때문이었다.

■ 영국의 철자개혁

19세기 영국에서 철자개혁을 주장하는 사람들 중에는 이삭 피트먼(Issac Pitman)이 있었다. 그는 자신의 이름을 딴 속기체계를 만들었다. 속기체계는 이전에도 있었지만 피트만의 새로운 체계는 음성학적인 원칙에 기반을 두고 있었고 따라서 상당히 빠른 속도로 널리 전파되어 사용되었다.

본격적인 철자개혁에 대한 관심은 철자단순화협회(Simplified Spelling Society)가 창립되면서부터였다. 영국에서의 철자단순화는 기존의 알파벳에서 멀어지지 않은 상태에서 영어의 소리와 부호 관계를 개선할 수 있는 개혁을 선호했다. 이러한 노력의 결과로 나온 자크리슨(Zachrisson)이 만든 앵글릭(Anglic)은 영국뿐만 아니라 미국에서도 상당한 지지를 받았다. 자크리슨의 말을 앵글릭으로 옮겨보면 그 내용이 어느 정도 파악이 된다.

> 앵글릭: … practicaly agrees with the prezent orthografy in mor than haaf the numbr ov the words ocurring on wun printid padge.
> (… practically agrees with the present orthography in more than half the

number of the words occurring on one printed page 하나의 인쇄된 페이지에 나오는 단어들 중 반도 더 넘는 숫자의 단어에서 현재의 철자와 실질적으로 일치한다.).

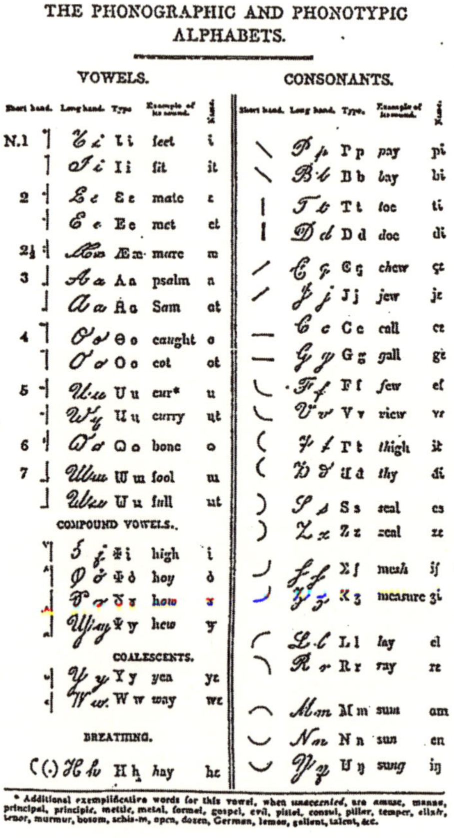

〈그림 2〉 이삭 피트만이 1870년 개발한 속기문자(출처: Scragg 1974:107)

자크리슨은 철자단순화협회와 함께 수정안을 만들어냈는데 1941년 발표된 신철자(Nue Speling < New Spelling)이다. 한편, 이와 비슷한 시기에 다른 학자의 제안도 이루어졌는데 이 가운데 하나가 워크

(Wijk)에 의해 발표된 '규범화된 철자(Regularized Inglish)'이다. 두 체계에 대한 비교는 위크의 표현에 따르면 '[규범화된 철자가] 현재 어휘의 90퍼센트 이상에서 현재의 철자를 계속 유지할 수 있게 만드는 반면 신철자는 10퍼센트 혹은 그 이하의 단어에서만 현재의 철자를 유지하고 있다'고 한다.

이와는 별도로 어린이들로 하여금 읽기를 배울 때 처음 겪는 어려움을 극복할 수 있도록 도와주기 위해 만들어진 전환기 표기법도 있었다. 1949년 노동당 당수였던 몽 폴릭(Mont Follick)의 노력으로 시작된 어린이를 위한 쓰기 교육용 알파벳이 제임스 피트먼(James Pitman)에 의해 1961년 제안되었다. 초기에는 어린이들을 위한 교육용으로 쓰였지만 성장 후 기존 철자법을 다시 배워야만 하는 상황을 초래하게 되자 학교에서는 피트먼의 알파벳을 더 이상 사용하지 않게 되었다.

영국에서의 철자개혁에 빠지지 않고 등장하는 인물이 있는데 바로 유명극작가였던 조지 버나드 쇼(George Bernard Shaw)이다. 그는 영어 철자의 문제점을 개선할 수 있는 새로운 알파벳을 만들기 위해 오랜 시간 그리고 아주 열심히 노력했다. 로만 알파벳을 완전히 축출하는 것이 아니라 전문적인 작가들만 쓰게 하고 일반인들이 쉽게 사용할 수 있는 새로운 문자는 엄격한 일대일 대응관계를 갖도록 만드는 것이었다. 그는 유산을 철자단순화협회에 기부할 만큼 열정적으로 철자개혁 운동에 동참했다. 그리하여 마침내 1962년 펭귄 출판사는 『안드로클레스와 사자(Androcles and the Lion)』의 인쇄본의 한 면에는 쇼의 알파벳으로 다른 한 면에는 로만 알파벳으로 인쇄하여 출간하기도 했다. 그러나 쇼의 유산 사용에 대한 이견들이 분분하면서 철자단순화협회는 더 이상의 기능을 하지 못하게 되었다.

조지 버나드 쇼(Geroge Bernard Shaw, 1856-1950)와 〈ghoti〉=〈fish〉

조지 버나드 쇼는 아일랜드의 극작가 겸 소설가로 1925년 노벨문학상을 수상하는 등 당대 문학과 사상에 큰 영향을 미친 인물이다. 쇼는 특히 영어 철자에 관심이 많았는데 극단적인 한 예를 들어 <fish>와 <ghoti>의 철자와 발음을 비교한 이야기는 지금까지도 영어의 철자체계 모순을 드러내는 단어로 자주 등장하고 있다. 즉, <fish>라는 단어는 [f]를 <gh>(tough, rough 등의 단어에서처럼)로, [i]를 <o>(woman/women이라는 단어에서처럼)로, 그리고 <sh>의 발음이 <ti>로도 표기될 수 있으므로 결국 <ghoti>라는 단어의 발음과 <fish>의 발음이 같게 된다는 것이다. 쇼는 임종할 때 자신의 전 재산을 철자개혁에 써달라고 유언을 남길 만큼 철자개혁을 원했으나 그의 사후, 유산의 액수나 사용 문제에 이견들이 있어 큰 성과는 거두지 못했다.

헨리 스위트(Henry Sweet, 1845~1912)와 로믹(Romic) 문자

헨리 스위트는 19세기 영국에서 최고로 인정받고 있는 언어학자였다. 그는 유럽언어에 대한 음성음운 기술(phonetic/phonological description) 분야와 관련된 논문을 쓰기 시작하여 『음성학 교본(Handbook of Phonetics)』(1877)을 저술함으로써 음성학 분야에서 일약 명성을 높이게 되었다. 특히 『영어 소리의 역사(History of English Sounds)』(1885)에서 스위트는 영어의 말소리에 대한 음성학적인 고찰을 하려면 어떤 음들이 있는지 알아야 하고 그리고 나서 이들이 겪어온 변화에 대한 주의 깊고도 상세하게 기록된 역사적인 사실들을 모아야 하는데 그 모든 과정의 첫 단계는 바로 음과 철자와의 상관관계를 밝히는 것에서부터 출발한다고 말하고 있다. 스위트는 여기에서 더 나아가 당시 여러 학자들이 제안한 음성문자들을 수정하여 새로운 음성문자 로믹을 제안하기도 했는데 이 문자는 후에 설립된 국제음성학회를 통해 전 세계에서 사용되는 문자들의 발음을 표시하는 국제음성기호(International Phonetic Alphabet, IPA)의 기본이 되기도 했다.

스위트의 로믹문자는 고대영어에서 사용되었던 æ(ash)와 ð(eth), 그리스 문자 Θ(theta), 기존의 문자를 거꾸로 한 ɔ(open o)와 ə(schwa)가 첨가되었으며, 여기에 [ŋ] <ng>발음을 <q>로, [tʃ]발음을 <c>로 표기하는 철자를 가진 체계로 구성되어 있다. 로믹문자는 기본적으로 현대영어보다는 훨씬 더 음소적인 고대영어 철자와 가까운 것이었다. 그러나 로믹을 사용한 다음의 글에서 볼 수 있듯이 현대영어에서는 해독이 거의 불가능한 철자체계였고 이는 대중들에 의해서 받아들여지지 못하는 당연한 결과가 나올 수밖에 없었다.

> 'ɛ dispyoot wüns ɛroaz bitween dhɛ wind ɛnd dhɛ sün, wich wɛz dhɛ stronggɛr ɛv dhɛ too …'(A dispute once arose between the wind and the sun, which was the stronger of the two … 바람과 태양, 둘 중에 누가 더 강한지 다시 한 번 논쟁을 하게 되었다.)

철자개혁을 주장하는 학자들은 포기하지 않았지만 그 성과는 미미했다. 1969년 해리 린드렌(Harry Lindren)은 단모음 [ɛ]는 모두 <e>로 쓰는 제1차 철자개혁(Spelling Reform 1, SR1)을 제안했다(예: friend → frend, head → hed). 이 제안은 오스트레일리아에서 인기를 끌어 1985년 위트람(Whitlam) 총독 시절의 노동당 정부에서 공식적으로 받아들여졌으나 정권이 바뀌면서 다시 기존 철자체계로 복귀했다.

■ 철자개혁의 결과

지금까지 미국과 영국에서 이루어졌던 철자개혁 움직임에 대해 살펴보았다. 오랜 기간에 걸쳐 수많은 학자들에 의해 여러 제안서가 만들어지고 발표되었고 사용이 촉진되었지만 실제 대중은 별 반응을 보이지 않았다. 무엇보다도 낯선 기호의 모습에 익숙하지 않았기 때문이었다. 19세기 말과 20세기 초 미국이나 영국에서 가장 유명한 언어학자들의 이름을 철자개혁협회나 철자단순화 운동의 회원 명부에서 발견할 수 있는 것은 사실이지만 모두가 다 철자를 광범위하게 개혁할 필요성을 인식하고 동의했다는 것을 의미하지는 않는다.

철자개혁 운동이 가장 정점에 있었을 때에도 한편에서는 기존의 전통적인 철자를 유지하는 것이 가장 최선이라는 주장이 있었다. 기존의 철자는 어원을 말해줄 뿐만 아니라 동음이의어를 구분하는 데도 큰 역할을 하고 있다는 것이다. 문장부호를 비롯하여 음성학적으로는 필요 없는 내용까지도 포함하고 있는 것이 문자체계의 특징인 만큼 음소문자 체계라 해서 반드시 모든 문자가 소리와 일대일 대응관계를 지켜야한다고 기대할 수는 없다는 것을 깨달은 결과라고 할 수 있다.

지금도 마샤 벨(Masha Bell)을 비롯한 많은 학자들은 철자개혁을 주장하고 있고 실제로 단순철자법을 적용할 수 있는 단어들을 연구하고 있다. 그러나 과연 철자개혁이 성공할 수 있는지에 대한 전망은 부정적일 수밖에 없는데 이는 기존의 철자를 바꾸기에는 너무나 큰 불편과 노력이 필요하기 때문이다.

이와 더불어 현대 언어학계의 대표적 학자인 노암 촘스키(Noam Chomsky)와 모리스 할레(Morris Halle)가 함께 쓴 『영어의 소리체계(The Sound Pattern of English)』에서는 말을 표기하는 것만이 쓰기 기능의 전부는 아니라고 주장하고 있다. 20세기 초반의 학자인 크레이기(Craigie)의 주장을 반복하고 있는 촘스키와 할레는 '철자는 언어를 알고 있는 독자를 위해 고안된 체계이므로 예측할만한 변형들은 … [수용할 만하다.] 영어의 철자는 자주 인용되는 비일관성에도 불구하고 최적의 철자체계에 놀라울 정도로 근접해있다'고 말하고 있다.

3.4 철자개혁에 대한 찬성과 반대

비슨(2006)은 구어체 영어가 계속 변화하는 한 어떤 철자개혁도 성공하지 못할 것이라고 단언하고 있다. 이를 반대로 말하면 철자개혁을 원하는 사람은 영어가 더 이상 발음의 변화를 보이지 않을 것이라고 전제해야하는 뜻이다. 1700년을 기점으로 그 이전보다 그 이후에 철자 변화가 적다고 해서 앞으로도 큰 변화가 없을 것이라고 예측할 수 있을까? 이에 대해 비슨은 영어가 21세기 중반쯤 되어 큰 변화를 겪을 것이라고 예고하고 있다.

앞으로의 변화는 고려하지 않는다고 해도 현재 상태에서도 철자개혁을 찬성하거나 혹은 반대하는 의견은 개인이나 단체에 따라서 다양하게 제시되어왔다. 영어철자학회(English Spelling Society)의 홈페이지(http://www.spellingsociety.org/bulletins/aextra1.php)에서 이루어진 철자개혁에 대한 찬반 의견을 알아보도록 하겠다. 먼저 철자개혁에 찬성하는 의견은 다음과 같다.

첫째, 영어의 철자체계는 너무나 비논리적이며 일관되지 못하기 때문에 개혁을 해야만 한다. 둘째, 철자를 보다 규칙적인 대응관계로 만들면 학교에서 글자를 가르칠 때 예외적이거나 불규칙적인 철자를 외울 필요가 없으므로 학습 시간과 노력을 훨씬 더 절감할 수 있다. 시간이나 노력의 절감은 읽기와 쓰기 능력을 향상시키고 유창성을 쉽게 높일 수 있다는 부수적인 결과를 낳을 수도 있으며 결과적으로 문어체 영어에 대한 폭넓은 이해와 읽기/쓰기에 대한 보다 심층적인 접근을 통해 논리적인 사고력을 향상시킬 수도 있다. 셋째, 무엇보다도 철자를 보다 음성적인 원칙에 따라 개선하게 되면 영어의 발음에 대해 직접적이고도 확실한 가이드라인을 제공할 수 있다. 따라서 세계 공용어로 사용되고 있는 영어에 대한 접근성을 높이는데 도움이 될 수 있을 것으로 전망된다.

철자개혁에 찬성하는 학자들은 음성적인 원칙에 따라 철자를 고치게 되면 라틴어나 그리스어에서부터 나온 접두사와 접미사를 고집할 필요가 없게 되므로 고전어에서부터 파생된 어휘를 사용하는 것보다는 오히려 고유의 게르만 어휘를 사용하게 되는 장점도 있다고 주장하고 있다. 심지어는 잘못된 철자로 인해 야기될 수도 있는 청소년 범죄와 비행을 줄일 수 있다는 의견이 나오기도 한다.

그러나 철자개혁에 반대하는 학자들도 많으며 이들은 다음과 같은 이유에 근거하여 철자개혁의 불가능성을 말하고 있다.

첫째, 우선 일반대중의 반감을 들 수 있다. 이미 익숙해진 철자가 아닌 새로운 철자를 받아들이기 위해서는 엄청나게 많은 시간과 노력이 들 것이라는 것은 자명하지만 무엇보다도 부정적인 견해를 가진 사람들에게는 개혁이라는 자체를 받아들이기가 쉽지 않을 것이다. 이로 인해 감수해야할 수많은 불편, 특히 새로운 철자체계에서 기존의 문자가 아닌 새로운 형태의 문자를 사용하거나 필요 없는 문자를 제외시킬 경우 야기될 문제는 더욱 심각하다. 더욱이 영어에 존재하고 있는 수많은 동음이의어의 어휘들은 현재 문학적인 감성과 언어의 묘미를 불러일으키고 있지만 향후 음성법칙에 입각한 철자체계에서는 살아남지 못하고 사라져버리고 말게 될 것이다.

둘째, 일반대중의 반감보다 더 심각한 것은 개혁을 이끌어낼 만한 주체가 현재 없다는 것이다. 이미 세계 공용어의 위치에 오른 영어의 철자체계를 고치려면 영어의 주요사용국인 미국과 영국만이 아닌 수많은 영어사용국가들이 모두 동의할만한 광범위한 연구와 합리적인 근거가 선행되어야하며 이를 진행시켜나갈 주체가 필요하지만 현재 그런 일을 담당할만한 국제적인 기구는 존재하지 않고 있다. 따라서 새로운 철자체계가 얼마나 완벽하게 향상되었든 간에 교육기관은 물론 기존의 인쇄업자들이나 신문 방송 등의 언론기관들에게 그 의미와 당위성을 이해시킬 수 있을지 의문이다. 더군다나 음성법칙에 입각한 철자체계라면 앞으로 음이 변화할 때마다 철자를 바꾸어만 하는 경우나 혹은 지역별로 서로 다른 발음의 차이로 인해 수많은 지역변이형이 생길지도 모르는데 그 경우 더 큰 반발과 불편을 초래할 수도 있다.

여기서 한 가지 더 지적할만한 것은 지금까지 시도되었던 영어에서의 철자개혁은 단어 목록에 의존했다는 것이다. 비슨(2006)은 철자개혁에 성공한 사례로 한국어, 핀란드어, 터키어 등을 들면서 이 언어들의 경우 개별 단어의 철자를 바꾼 것이 아니라 발음을 철자로 표기할 때 적용하는 규칙, 즉 표기규칙 자체를 바꾸었기에 성공할 수 있었다고 말하고 있다. 따라서 철자개혁이 성공적으로 이루어지려면 보다 대규모의 개혁, 가령 영어에 있는 모든 발음을 수용할 수 있는 새로운 문자체계를 만들거나 글을 쓸 때 반드시 지켜야만 하는 소리와 발음의 대응관계에 근거한 표기규칙을 만드는 것이 오히려 더 효과적일지도 모를 일이다.

제4장

영국영어와 미국영어의 철자

4.1 〈-our〉와 〈-or〉

4.2 〈-re〉와 〈-er〉

4.3 〈-ence〉와 〈-ense〉

4.4 〈-ise〉와 〈-ize〉

4.5 〈-ouge〉와 〈-og〉

4.6 〈-ae-/-oe-〉와 〈-e-〉

4.7 묵음 〈e〉

4.8 자음의 겹철자

4.9 기타

대부분의 단어들은 영국영어이든 미국영어이든 동일한 철자를 사용하고 있다. 그러나 서로 다른 철자가 사용되는 경우가 있는데 개별적인 단어에 따라 철자가 다른 경우도 있지만 대부분은 몇 종류의 차이로 분류할 수 있다. 존슨(Samuel Johnson)의 사전인 『영어사전(A Dictionary of the English Language)』(1755)이 영국식 철자법을 결정하는데 기여했다고 본다면, 미국에서는 웹스터(Noah Webster)의 두 개의 사전인 『간결 영어사전(A Compendious Dictionary of the English Language)』(1806)과 『미국영어 사전(An American Dictionary of the English Language)』(1828), 그리고 철자 중심의 문법서인 『미국영어 철자책(The American Spelling Book)』(1831)이 미국식 철자법을 결정하는데 기여하였다. 미국영어 철자가 영국영어에서 문제가 되는 철자를 바꾼 결과라고 전제한다면, 미국영어의 가장 큰 특징은 원래의 영국영어 철자와 비교할 때 대체로 간결하고, 보다 발음에 가깝다는 점을 들 수 있다. 본 장에서는 영국영어과 미국영어 철자의 차이를 보여 주는 예들을 몇 가지 유형으로 분류하여 소개하도록 하겠다.

4.1   ⟨-our⟩와 ⟨-or⟩

영국영어에서 비강세음절 <-our> 어미를 가진 단어들은 미국영어에서 <-or> 철자로 표기된다. 이 단어들의 어원을 살펴보면, 라틴어 주격어미인 -or을 가진 단어들로서 고대프랑스어(Old French)에서 영어로 처음 차용되었을 때는 <-or> 혹은 <-ur>로 표기되는 어미를 가졌었다. 그러나 중세영어의 시작인 노르만 정복이후에는 노르만족이 사용하던 노르만프랑스어(Anglo-French)의 영향으로 <-our>로 표기되었다. 따라서 이 시기에 새롭게 차용된 어휘뿐만 아니라 이전 시기에 차용된 어휘들 모두 <-our> 철자를 가지게 되었다.

하지만 초기현대영어시기에 속하는 르네상스 이후 원래 어미인 <-or>을 가진 라틴어 단어들이 새롭게 차용되었을 뿐 만 아니라, 기존의 <-our>의 철자를 가진 단어들도 다시 <-or> 철자로 되돌아가는 경우가 생기게 되었다. 따라서 초기현대영어시기에는 <-our> 혹은 <-or> 어미를 가진 많은 단어들이 어원이 되는 라틴어를 찾지 못 하는 경우가 많아지게 되었고 결국 어원이 불분명해지면서 혼란을 일으키게 되었다.

당시의 학자들은 어원에 따라 철자를 결정하기보다는 개인적인 선호에 따라서 결정했기 때문에 일부 학자들은 <-our> 철자를, 일부 학자들은 <-or> 철자를 주장하였다. 영국영어의 <-our>은 존슨의 1755년 사전의 표기법에, 미국영어의 <-or>은 웹스터의 1828년 사전의 표기법에 영향을 많이 받았다. 영국영어 <-our>과 미국영어 <-or>의 철자 차이를 보여주는 예는 다음과 같다.

British -our	American -or	British -our	American -or
armour	armor	humour	humor
behaviour	behavior	labour	labor
candour	candor	neighbour	neighbor
clamour	clamor	odour	odor
colour	color	rancour	rancor
demeanour	demeanor	rigour	rigor
endeavour	endeavor*	rumour	rumor
favour	favor	saviour	savior
flavour	flavor	splendour	splendor
glamour	glamor	valour	valor
harbour	harbor	vapour	vapor
honour	honor	vigour	vigor

*미국영어에서도 고유명사에서는 <-our> 철자를 사용하기도 하는데 특별한 의미를 가지는 경우가 많다. 예를 들어 우주왕복선 Endeavour는 제임스 쿡(James Cook) 선장의 배 이름인 HMS Endeavour에서 유래한 것이다.

철자 차이를 보여주는 단어에 다시 파생어미가 첨가되어 새로운 파생어를 만들 경우, 미국영어에서는 접사가 붙어도 철자에 변화를 가져오지 않는 반면에, 영국영어에서는 파생접사의 종류에 따라 <-our>이 유지되기도 하고 <u>가 탈락되어 <-or>로 표기되기도 한다. 대체로 영어 고유의 접사나 라틴어계, 그리스어계 접사 가운데 영어화 되어 차용어가 아닌 영어 고유의 단어에 붙을 수 있는 접사가 붙으면 <-our> 철자가 그대로 유지된다.

(1) humourless, neighbourhood, savoury
(2) behaviourism, favourite, honourable

반면에 영어 고유어에는 붙을 수 없는 라틴어계, 그리스어계 접사가 첨가되어 파생어를 만드는 경우에는 단어에 따라 <u>가 그대로 유지되거나 탈락되어 <-or>로 표기되기도 하며, 혹은 두 경우 모두 허용되기도 한다.

(3) honorary, honorific, honorist, humorous, laborious, vigorous
(4) colo(u)ration, colo(u)rize, colo(u)rist

영국영어에서도 <-or> 철자가 허용되는 단어가 있는데 이때에는 <-our> 철자를 가진 단어와 다른 의미를 갖는다. 즉 <u>의 유무에 따라 의미가 달라지는 단어들이 있다.

(5) arbour: 정자   arbor: 기계들을 회전할 때 사용하는 축
     rigour: 엄격, 엄숙   rigor: (의학용어) (근육등의) 경직
                           rigor mortis 사후경직

한편, <-our>이 일반적인 경우처럼 비강세음절이 아니라 강세를 갖는 음절인 경우에는 미국영어와 영국영어 모두 <-our> 철자로 표기된다.

(6) contóur, velóur, paramòur, troubadòur

4.2 ⟨-re⟩와 ⟨-er⟩

프랑스어, 라틴어, 그리스어에서 차용된 단어들 가운데 <-re>로 끝

나는 많은 단어들이 영국영어에서는 <-re>가 그대로 유지된 반면에, 미국영어에서는 <-er>로 표기된다. 미국영어 <-er> 역시 웹스터의 철자법에 의한 것으로 웹스터는 발음에 가까운 철자 표기를 선호했다. 예를 살펴보면 다음과 같다.

British -re	American -er	British -re	American -er
amphitheatre	amphitheater	manoeuvre	maneuver
calibre	caliber	meagre	meager
centimetre	centimeter	metre	meter
centre	center	sabre	saber
fibre	fiber	sceptre	scepter
kilometre	kilometer	sombre	somber
litre	liter	spectre	specter
lustre	luster	theatre	theater

Q 위의 단어들은 철자 상 어떤 특징(공통점)이 있을까?

A 대부분의 단어들이 <-bre>, <-tre> (혹은 <-ber>, <-ter>)로 끝나고 있음을 볼 때 <re> 혹은 <er> 앞에 오는 자음은 주로 <b>나 <t>라는 것을 알 수 있다.

영국영어, 미국영어와 상관없이 두 지역에서 모두 <-re>로 표기하는 단어들이 있는데 그 예는 다음과 같다.

(7) acre, lucre, massacre, mediocre
(8) entendre, genre, oeuvre, cadre, macabre, piastre, timbre

이 단어들을 그룹별로 살펴보면 공통점이 발견된다. (7)에 주어진 단어들은 모두 <re> 앞에 [k]로 발음되는 철자 <c>를 가진다. 따라서 이때 <re> 철자는 앞에 오는 철자 <c>가 [s]가 아니라 [k]로 발음된다는 것을 보여주는 역할을 한다. (8)에 주어진 단어들은 모두 최근 프랑스어에서 차용된 단어들이라는 공통점을 가진다. 이들 단어에서의 <-re>은 프랑스어에 가까운 발음인 [rə] (앞의 세 단어)로 발음하기도 하고, [ər](나머지 단어들)로 발음하기도 한다.

4.3 〈-ence〉와 〈-ense〉

영국영어에서 <-ence>로 끝나는 명사들은 미국영어에서 <-ense>로 표기된다.

British -ence	**American** -ense
defence	defense
licence (명사)	license (명사, 동사)
offence	offense
pretence	pretense

형용사화 접미사 -ive가 붙으면 두 지역에서 모두 defensive, offensive가 되어 지역에 상관없이 <-s->를 가진다. 영국영어에서 명사 licence의 동사형은 미국영어와 동일하게 license 철자로 사용된다.

4.4 〈-se〉와 〈-ze〉

■ 〈-ise〉와 〈-ize〉

동사화 접미사인 <-ise>와 <-ize>의 경우를 보면, 영국영어에서는 <-ise>, <-ize> 두 가지 형태가 모두 사용되지만 <-ise>가 더 선호된다. 반면에 미국영어에서는 <-ize> 어미만 사용된다. 그 예는 다음과 같다.

British -ise	American -ize	British -ise	American -ize
apologise	apologize	mobilise	mobilize
authorise	authorize	naturalise	naturalize
capitalise	capitalize	organise	organize
characterise	characterize	popularise	popularize
civilise	civilize	popularisation	popularization
civilisation	civilization	prise*	prize*
colonise	colonize	realise	realize
colonisation	colonization	recognise	recognize
criticise	criticize	satirise	satirize
dramatise	dramatize	standardise	standardize
emphasise	emphasize	symoblise	symbolize
equalise	equalize	vaporise	vaporize

*'지레로 움직이다'라는 의미로 사용될 때 서로 다른 철자를 쓰는 반면, '상, 상을 주다'이란 의미로 사용될 때는 두 지역에서 모두 prize가 사용된다.

이 어미의 어원은 그리스어 -iζεıν (-izo), 라틴어 -izāre로 어미에 있는 중간 자음은 모두 [z]로 발음 된다. 이후 이들 어미는 프랑스어에서는 -iser가 되었다. 따라서 <-ise>는 프랑스어 철자법을 따르는 철자인 반면, <-ize>는 어원과 발음에 더 가까운 철자라 할 수 있다. 특히 미국영어에서 <-ize> 철자를 사용하는 것은 웹스터의 영향이 크다.

웹스터는 어원과 발음에 더 가까운 <-ize>가 아닌 <-ise>를 사용하는 것을 반대하였다.

영국영어에서도 <-ize> 철자가 사용되는데 이를 '옥스퍼드 철자'라고 한다. 그 이유는 옥스퍼드 출판사의 출판물, 특히 옥스퍼드 영어사전(Oxfore English Dictionary)에서 사용되는 철자이기 때문이다. 옥스퍼드 영어사전에는 <-ize> 철자의 빈도가 더 높은 것으로 등재되어 있으며, <-ise>는 <-ize>의 다른 철자 형태(이형)로 보고 있다. 하지만 이와 달리, 같은 영국 내에서도 <-ise> 철자를 더 선호하는 출판사들이 있는데 특히 캠브리지 출판사가 이 경우에 속한다. 즉 출판사에 따라 서로 다른 철자가 사용되고 있는 것이다.

단어의 어원에 따라서 <-ize>와 <-ise> 중 어느 하나의 철자만 허용되는 경우도 있다. 이때 프랑스어 차용어나 라틴 요소를 가진 단어는 <-ise> 철자를, 그리스어 차용어는 주로 <-ize> 철자로 표기된다. 이 경우 지역에 상관없이 하나의 철자만 사용된다.

옥스퍼드 철자(Oxford Spelling)

옥스퍼드 철자는 옥스퍼드 대학 출판사에서 출판되는 모든 책 (옥스퍼드 영어사전 포함)에 사용하는 철자를 말한다. 옥스퍼드 대학은 영국에 위치하고 있음에도 불구하고 대학 출판사에서 사용하는 철자의 경우 대부분은 영국영어 철자를 사용하지만 그렇다고 해서 100% 영국영어 철자를 채택하고 있지 않고 있다. 그래서 학계에서는 영어에서의 철자를 미국영어 철자, 영국영어 철자, 옥스퍼드 철자 세 가지로 구분하기도 한다. 옥스퍼드 철자는 옥스퍼드 영어사전(Oxford English Dictionary), 콜린스 영어사전(Collins English Dictionary), 롱맨 영어사전(Longman English Dictionary)과 같은 대표적인 사전들과 옥스퍼드대학 출판사, 펭귄 출판사 등의 권위 있는 출판사들, 그리고 WHO, UNESCO, UNICEF, IAEA, NATO등 대표적인 UN 산하 단체 및 국제기구에서 채택하고 있는 철자체계이다.

(9) 지역에 상관없이 <-ise>를 갖는 단어

advise, advertise, arise, chastise, comprise, demise, despise, devise, disguise, exercise, franchise, guise, improvise, incise, promise, revise, rise, supervise, surmise, surprise, televise, wise

(10) 지역에 상관없이 <-ize>를 갖는 단어

capsize, prize(상, 상을 주다), seize, size

■ ⟨-yse⟩와 ⟨-yze⟩

<-yse>, <-yze> 철자의 경우 옥스퍼드 철자나 영국영어에서는 항상 <-yse>가 미국영어에서는 항상 <-yze> 철자가 사용된다. 그 예는 다음과 같다.

British -yse	American -yze
analyse	analyze
breathalyse	breathalyze
cataliyse	catalyze
paralyse	paralyze

4.5 ⟨-ogue⟩와 ⟨-og⟩

■ ⟨-logue⟩와 ⟨-log⟩

영국영어에서는 <-logue> 철자가 사용되고, 미국영어에서는 <-logue>와 <-log> 두 가지 철자가 다 사용되나 <-log> 철자가 더 빈도가 높은 편이다. 그 예는 다음과 같다.

British -logue	American -log
analogue	analog
catalogue	catalog
dialogue	dialog
epilogue	epilog

British -logue	American -log
homologue	homolog
monologue	monolog
prolog	catalog
travelogue	travelog

하지만 위의 단어들에 파생 접사가 붙어 새로운 단어를 만들게 되면 영국영어에서도 미국영어에서처럼 <-ue> 철자가 없어진다.

(11) analogue~analogy, analogous, analogist

■ 〈-gogue〉와 〈-gog〉

<-logue/log>와 마찬가지로 <-gogue>는 영국영어에서, <-gog>는 미국영어에서 사용된다.

British -gogue	American -gog
demagogue	demagog
pedagogue	pedagog
synagogue	synagog

4.6 〈-ae-/-oe-〉와 〈-e-〉

영국영어에서 사용되는 <ae>와 <oe> 철자는 미국영어에서 <e>로 단순화되어 사용된다. 이 철자들은 [iː] 혹은 [ɛ]로 발음되며, 두 지역에서 철자 상의 차이를 보이는 단어들은 주로 그리스어, 라틴어 혹은 프랑스어에서 차용된 단어들이다. 철자의 차이를 보이는 단어들의 예는 다음과 같다.

British -ae-/-oe-	American -e-
aesthetics	esthetics
amoeba	ameba
anaemia	anemia
anaesthesia	anesthesia
archaeology	archeology
diarrhoea	diarrhea
encyclopaedia	encyclopedia
feotal	fetal
gynaecology	gynecology

British -ae-/-oe-	American -e-
leukaemia	leukemia
manoeuvre	maneuver
mediaeval	medieval
oestrogen	estrogen
oesophagus	esophagus
orthopaedic	orthopedic
paediatric	pediatric
palaeontology	paleontology
toxaemia	toxemia

그런데 <ae>와 <oe> 철자가 미국영어에서 <e>로 단순화 되지 않고 그대로 사용되는 두 가지 경우가 있다. 첫째, 라틴 복수형 <-ae>(예: 단수 larva~복수 larvae, 단수 mora~복수 morae)는 미국영어에서도 <-e>로 단순화 되지 않아 두 지역 모두에서 <-ae> 철자가 사용된다. 둘째, 고대그리스어의 어원이 아닌데도 <ae>나 <oe> 철자를 갖게 된 단어의 경우에는 <e>로 단순화되지 않는다(예: maelstrom, toe).

 영국영어 manoeuvre는 미국영어에서 어떻게 표기될까?

 maneuver. 이 단어에서는 영국과 미국의 철자 차이가 두 곳에서 발견된다. 영국영어의 <oe>가 미국영어에서는 <e>로 바뀌고, 영국영어의 <re>가 미국영어에서는 <er>로 바뀐다.

4.7 묵음 〈e〉

영국영어에서는 발음이 안 되는 묵음 철자 〈e〉로 끝나는 단어에 접미사가 붙어 새로운 단어를 만들 때 〈e〉를 그대로 유지하는 경향이 큰 반면, 미국영어에서는 〈e〉가 탈락된 형태를 더 많이 사용하는 경향이 있다. 그 예는 다음과 같다.

British -e-	American ∅	British -e-	American ∅
ageing	aging	liveable	livable
arguement	argument	rateable	ratable
judgement*	judgment	saleable	salable
likeable	likable	sizeable	sizable

*'판결'이란 의미로 사용될 때는 영국영어에서도 judgment가 사용된다. 역시 철자에 따라 의미가 달라지는 경우이다.

하지만 단어에 따라서 두 지역 모두 공통적으로 철자 〈e〉를 그대로 유지하거나 혹은 〈e〉를 탈락시키기도 한다. 먼저 -ing와 같은 굴절어미가 붙은 예를 보면 다음과 같다.

(12) 지역에 상관없이 〈e〉를 갖는 단어: dyeing, singeing, swingeing
(13) 지역에 상관없이 〈e〉가 탈락되는 단어: cringing, hinging, syringing

Q (12)에 주어진 단어들에서 지역에 상관없이 〈e〉를 탈락시키지 않는 이유는 무엇일까?

A 〈e〉를 탈락시킬 경우 die, sing, swing에 굴절어미 -ing가 붙은 형태인 dying, singing, swinging과 철자가 똑같아지므로 구분이 되지 않아서 〈e〉를 탈락시키지 않았다.

<-able> 접미사가 붙어 새로운 단어를 만들 때에도 단어에 따라 두 지역에서 동일한 철자를 사용하는 경우가 있는데, 미국영어와 영국영어에 상관없이 <e>가 탈락되는 경우도 있고, <e>가 그대로 유지되는 경우도 있다(-able이 붙는 단어들은 6장에서 다시 언급된다).

(14) 지역에 상관없이 <e>를 갖는 단어
cacheable, changeable, knowledgeable, traceable, unabridgeable, unbridgeable

(15) 지역에 상관없이 <e>가 탈락되는 단어
believable, breathable, curable, datable, decidable, lovable, movable, notable, quotable, scalable, solvable, usable

일반적으로 발음 상 <e>의 탈락이 필요한 경우 영국영어에서 탈락이 이루어지듯이, 발음 상 <e>가 유지될 필요가 있는 경우 미국영어에서도 <e>가 탈락되지 않는다. 예컨대 철자 <c, ch, g>가 [s, ʃ, ʤ]로 발음된다는 것을 표시하려면 <e>가 필요하기 때문에 미국영어에서 <e>가 탈락되지 않게 된다.

4.8 자음의 겹철자

■ 〈-ll-〉와 〈-l-〉

> 일반적으로 어말에 위치한 묵음 <e>는 모음으로 시작되는 접미사가 붙으면 <e>가 탈락된다(예: baked, blaming, famous, later, nicest, security). 물론 이 규칙에도 예외가 있어, 모음이 아닌 자음으로 시작되는 접미사 앞에서 <e>가 탈락되는 경우도 있다(예: awful, truly *cf*. useful, surely).

영국영어에서는 비강세모음 + <l>로 끝나는 단어(품사는 주로 동사)에 -ed, -ing, -er, -est와 같은 굴절어미가 붙거나, 일부 파생어미가 붙게 될 경우 <l>을 겹철자로 표기한다. 하지만 미국영어에서는 <l>을 한번만 쓴다. 이러한 철자 차이를 보여주는 예를 살펴보면 다음과 같다.

British -ll-	American -l-	British -ll-	American -l-
cancelled	canceled	marvellous*	marvelous
counsellor	counselor	modelling	modeling
cruellest	cruelest	parallelled**	paralleled
equalled	equal	quarrelling	quarreling
fuelled	fueled	revelled	reveled
grovelling	groveling	signalling	signaling
jeweller	jeweler	travelling	traveling
levelled	leveled	traveller	traveler
libelled, libellous*	libeled, libelous	woollen ★	woolen

*파생접미사 -ous가 붙는 경우에는 영국영어에서도 <l>을 겹철자화하지 않는 경우도 있다(예: scandalous, perilous).
**이 경우 영국영어에서도 paralleled, paralleling처럼 <l>을 한번만 쓰기도 한다. 이는 추측하건대 <l>이 한 단어에서 무려 4회나 반복되는 것을 피하기 위한 것으로 보인다.
★<l>이 강세모음 뒤에 와도 겹철자화한 예외적인 경우이다.

파생접미사 -ize/-ise, -ism, -ist, -ish가 붙는 경우에는 영국영어에서도 대체로 겹철자화하지 않지만, 겹철자를 쓰는 경우도 간혹 있다.

(16) normalize, dualism, novelist, devilish
  예외: tranquillise, duellist, medallist, panellist, triallist

지금까지 설명한 것과는 반대로, 오히려 미국영어에서는 겹철자

<-ll->을 사용하는 반면 영국영어에서는 겹철자가 아닌 <l> 하나만을 사용하는 단어들이 있다. 아래 주어진 단어들을 살펴보면, 강세모음 + <l>로 끝나는 단어이거나 혹은 그 파생어인 경우에 이 현상이 나타난다.

British -l	American -ll
appal*	appall
distil	distill
enrol**	enroll
fulfil	fulfill

British -l	American -ll
instal**	install
instil	instill
skilful	skillful
wilful	willful

*원형과 3인칭 현재형에서는 l을 한번 쓰지만 -ing나 -ed가 붙으면 영국영어에서도 appalling, appalled와 같이 <l>을 겹철자로 쓴다.
** -ment와 같은 파생접미사가 붙는 경우에는 <l>을 겹철자로 쓴다.
예: enrolment~enrollment, instalment~installment

Q full과 fill이 합쳐져 하나의 단어가 될 때 불가능한 철자는?

    a. fulfil   b. fullfil   c. fulfill   d. fullfill

A b. fullfil, d. fullfill
<-ll->을 가진 단어가 접두사나 접미사로 사용되면 어근의 철자는 유지하되 접두사나 접미사의 <l>은 하나가 탈락된다. 예를 들어 use + full은 useful이 되고, all + together는 altogether가 된다. 마찬가지로 well + come은 welcome이 되고 well + fare은 welfare가 된다. 그렇다면 full + fill이 합쳐져 하나의 단어가 되면 철자가 어떻게 될까? 왜 fulfil이나 fulfill은 되어도 fullfil 혹은 fullfill은 되지 않은 것일까? 이 경우 어근과 접사의 구분을 올바르게 해야 어느 단어에서 <l>이 탈락될지 예상할 수 있다. 즉 <full->이 접두사이고 <-fill>이 어근이기 때문에 접두사에서 <l>이 탈락되는 철자만 허용되고 접두사인 <full->에서 <l>이 탈락되지 않은 철자들은 허용되지 않는다는 것을 알 수 있다.

마지막으로 지역에 상관없이 <-ll->을 사용하거나 혹은 <-l-> 만을 사용하는 단어들을 소개하면 다음과 같다.

(17) 지역에 상관없이 <ll>을 갖는 단어: compelled, excelling, rebelling
(18) 지역에 상관없이 <l>을 갖는 단어: revealing, fooling, hurling

■ 〈-gramme〉과 〈-gram〉

영국영어에서는 단어의 의미에 따라서 <-gramme>과 <-gram> 가운데 어느 하나가 사용되기도 하고 두 종류의 철자가 사용되기도 한다. 반면에 미국영어에서는 동사의 굴절어미가 붙기 때문에 m을 반복하게 되는 경우를 제외하고는 일관되게 -gram 철자만 사용한다. 구체적인 예는 다음과 같다.

British -gramme	**American** -gram
gram, gramme	gram
kilogram, kilogramme	kilogram
programme(동사)	program (-mm-)(동사)
programme, program(명사)	program(명사)

영국영어에서는 TV나 행사의 프로그램을 뜻하는 경우에는 programme 철자를, 컴퓨터 프로그램일 때는 주로 program을 사용한다. 반면 미국영어에서는 두 경우 모두 program을 사용한다. 동사형으로 사용되는 경우에도 영국영어에서는 <-gramme>을 미국영어에서는 <-gram>을 사용한다. 하지만 미국영어에서도 예를 들어 programmed와 같이 굴절어미가 붙을 때는 자음을 한 번 더 반복한다.

무게의 단위인 그램과 킬로그램의 경우 영국영어에서는 두 가지 철자가 다 사용되는 반면 미국영어나 국제도량형국(International Bureau of

Weights and Measures)은 (kilo)gram 철자만 사용한다.

■ 기타

이 밖에 자음철자의 반복 여부로 두 지역 간의 철자의 차이를 보여주는 예는 다음과 같다.

British	American
carburettor	carburetor
chilli	chili*
omulette	omulet**
tonne	ton

*어원은 멕시코-스페인어의 chile이다.
**영국영어 철자가 어원(프랑스어 omelette)에 더 가깝지만 실제로는 미국영어 철자가 더 오래된 형태의 철자이다.

4.9 기타

이제까지 다루어왔던 철자 차이를 보여주는 단어 경우만큼 그 수가 많지는 않지만, 그런대로 공통적인 철자 상의 차이를 보이는 그 밖의 단어들은 다음과 같다.

	British	American
ph vs. f	sulphate, sulphide, sulphur	sulfate~sulphate, sulfide~sulphide, sulfur*~sulphur
y vs. i	tyre, gybe, syrup	tire, jibe, syrup~sirup
ou vs. o	mould, moult, smoulder	mold, molt, smolder

que vs. k, ck	banque, mosque cheque(수표), chequer(게임)	bank, mosque~mosk check, checker
ugh vs. f, w	draught, plough	draft, plow
(s)c vs. (s)k	carat, disc**, sceptic, mullusc	karat, disk, skeptic, mullusk
ney vs. ny	phoney, storey★, vineyard	phony, story, vineyard~vinyard
e vs. Ø	annexe(n.), axe, grille, gelatine, glycerine, neurone	annex❖, ax~axe, grill✿, gelatin, glycerin, neuron

*국제순수응용화학협회(International Union of Pure and Applied Chemistry)나 영국왕립화학회(Royal Society of Chemistry)에서는 sulfur 철자를 더 선호한다.
**상표에서 유래된 Compact Disc (CD)는 두 지역 모두에서 disc를 사용한다.
★'건물의 계단'이란 의미일 때 영국영어에는 <storey> 철자를 사용하는데 이는 '이야기'란 의미의 단어 <story> 철자와 구분하기 위한 것으로 여겨진다. 반면 철자를 구분하지 않고 사용하는 미국영어에서는 story가 두 개의 의미를 동시에 가지게 된다. 미국영어의 철자형태가 역사적으로 더 오래된 것이다.
❖동사로 사용되면 미국영어에서도 <annexe>를 사용한다.
✿'음식을 굽는 도구'라는 의미. 자동차의 부품인 경우는 <grille> 철자를 사용한다.

위에 주어진 영국영어와 미국영어 철자 중에서는 대체로 미국영어 철자가 역사적으로 더 오래된 철자형태이다. 예를 들어 미국영어 철자인 sulfate(황산염), sulfide(황화물), sulfur(유황), tire(타이어), mould(틀), moult(털갈이), smoulder(불완전연소를 하다), story(이야기 또는 건물의 층), phony(가짜의) 등은 각 단어에 대응되는 영국영어 철자보다 더 오래전부터 사용되었다. 한 가지 예외는 영국영어 draught(외풍, 초안)인데 이 경우 미국영어 draft보다 영국영어의 draught가 더 오래 전부터 사용된 형태이다.

마지막으로 개별 단어에서 영국영어와 미국영어 철자 차이를 보여주는 예는 다음과 같다.

British	American		British	American
aluminium	aluminum		moustache	mustache
cosy	cozy		mum, mummy	mom, mommy
gaol	jail		pyjamas	pajamas
gauge	gage~gauge		speciality	specialty
grey	gray		whisky	whiskey
kerb*	curb		yoghurt	yogurt

*동사일 때는 curb 철자를 사용한다.

    지금까지 자세히 살펴보았듯이 대체로 미국영어의 철자는 영국영어 철자보다 간결하고 발음에 좀 더 가깝다는 특징을 보여준다. 영어를 모국어가 아닌 외국어로 배우는 입장에서 영국영어 철자와 미국영어 철자의 차이를 제대로 파악하는 것이 물론 어렵기는 하지만 이 차이를 아는 것은 유용하며 또한 자신이 사용하는 철자를 일관되게 유지하는 것도 중요할 것이다. 다만 두 지역에서 철자의 차이를 보이는 어휘 수는 철자 상의 차이가 없는 어휘에 비하여 아주 적은 수에 해당한다는 것을 염두에 두어야 한다. 그리고 인터넷의 사용을 통한 교류의 증가는 두 지역 사이의 철자 차이를 앞으로 더 줄이게 되지 않을까 예측해 볼 수 있다.

제 5 장

현대영어 철자의 특징 I

5.1 자르기(Clipping): 절단어
5.2 잘라 합치기(Blending): 혼성어
5.3 첫 글자 모아쓰기(Abbreviating): 약어

현대영어 어휘의 기존 철자에 직접적인 영향을 주는 어 형성 방법들 가운데 하나로 철자를 짧게 줄여서 새로운 단어로 만들어 사용하는 방법을 예로 들을 수 있다. 이 방법은 파생이나 복합에 의한 어 형성 방법과 달리 그 역사가 오래되지 않았을 뿐만 아니라 부차적인 조어 방법으로 여겨져 왔다. 하지만 현대사회의 급격한 발전과 정보량의 증가로 인하여 최근 단어 짧게 줄이기는 이전의 어느 시기에서 보다도 새로운 어휘를 제공하는데 적극적으로 기여하고 있다.

  5장에서는 기존의 단어들의 철자를 다양한 방법으로 짧게 줄이는 어 형성 방법을 자세히 알아보고 해당 과정 속에서 영어 철자가 어떻게 영향을 받고 변화되는지 살펴보고자 한다. 구체적으로 세 종류의 짧게 줄이기 방식, 즉 자르기를 통한 절단어(clipped words), 잘라 합치기를 통한 혼성어(blends), 첫 글자를 모아 만든 약어(acronyms과 initialisms)에 관하여 다룬다. 이 세 가지 방식에 의해 짧게 줄여진 부분들은 완전한 형태소가 아닌 경우가 대부분이고, 자르기가 이루어질 때 출처어의 음절 경계와도 거의 일치하지 않아 철자적 관점에서도 흥미로운 경우들을 다양하게 제공해 준다.

  이러한 방식으로 짧게 줄여 만들어진 새로운 단어들은 발화의 시간을 줄여주고 기억을 쉽게 해 주면서 많은 양의 의미 전달을 도와준다는 점에서 언어의 경제성을 달성하는 역할을 한다. 또한 대체로 새롭게 생성된 정보와 요구에 부응하여 형성된 단어들이 많아 한시적으로 유행처럼 사용되다 사라질 수도 있다는 점에서 공통적이다. 하지만 이러한 특징들 때문에 앞으로도 우리는 일상에서 이렇게 만들어진 단어들을 점차 더 많이 접하게 될 것이고, 이들은 현대영어 어휘 및 철자의 특징을 보여주는 하나의 현상으로 자리 잡을 것이라는 점을 부인할 수 없는 것 같다.

5.1 자르기(Clipping): 절단어

자르기(clipping)는 기존의 단어를 구성하는 일부 음절을 잘라내고 일부는 남겨서 새로운 단어 즉 절단어를 만드는 방법이다. 18세기의 언어학자들은 기존의 단어의 음절을 잘라내고 나머지를 사용하는 것은 야만적인 것이라며 절단어를 경멸하였다. 그럼에도 불구하고 절단어는 주로 격식을 차리지 않은 상황이나 특정 집단에서 서로에게 친숙한 대상을 표현할 때 많이 사용되어 왔으며, 최근에는 오히려 일반 단어화되는 추세를 보이고 있다. 5.1에서는 다양한 자르기 방법에 따라 만들어진 절단어와 그 특징을 소개한다(하지만 여기서는 edit(편집하다) < editor(편집자))나 babysit(아이를 돌보다) < babysitter (아이 돌보미)와 같은 역성법(back formation)에 의해 만들어진 절단어는 다루지 않겠다).

■ 절단어의 형태 및 문법적 특징

다음에 주어진 단어들은 모두 일상적으로 많이 사용하는 영어 어휘들이다. 이들의 공통점은 무엇일까?

(1) app, bus, cello, fax, pants, piano, teen

이들은 원래 하나의 긴 단어이었으나 단어의 앞 혹은 뒷부분이 잘려 나간 후 나머지 부분을 단어로 사용한 어휘인 절단어라는 공통적인 특징을 가지고 있다. 처음에는 절단되기 이전의 원래 형태와 함께 사용되다가 시간이 지나면서 일상 어휘화한 경우이다. 자르기가 이루어지기 이전의 형태는 다음과 같다.

> 조나단 스위프트가 당시 사람들의 절단어 사용에 대하여 어떤 생각을 가지고 있었는지 보여주는 글을 살펴보도록 하자.
>
> "[E]ven here in London, they clip their Words after on Manner about the Court, another in the City, probable, will all differ from themselves, as Fancy or Fashion shall direct…"
> 이곳 런던에서조차 사람들은 궁중에서의 예의범절에 따라 혹은 도시 규범에 따라 단어들을 자른다. 아마도 이 단어들은 환상이나 패션에 따라 서로 다른 모습이 될 것이다.
>
> "This perpetual Disposition to shorten our Words, by retrenching the Vowels, is nothing else but a ten Nations from whom we are descended, and whose Languages labour all under the same Defect."
> 모음을 줄여서 우리의 단어들을 짧게 만들고 싶어 하는 이 끊임없는 성향은 대대로 전해진 열 개의 국가들, 그리고 똑같은 단점을 가지고 있으면서 애를 쓰고 있는 그들의 언어들 단지 그뿐이다.
> (출처: Jonathan Swift, 『영어를 고치고, 개선하고, 확인하기 위한 제안(A Proposal for Correcting, Improving and Ascertaining the English Tongue)』 1712)

(2) application, omnibus, violoncello, faximile, pantaloons, pianoforte, teenager

자르기가 출처어(source form)의 어느 부분에서 이루어지느냐에 따라 뒷부분 자르기, 앞부분 자르기, 중간부분 자르기, 복합 자르기로 나누어 볼 수 있다. 그 예는 다음과 같다(괄호 속은 잘려나간 부분을 표시).

(3) 뒷부분 자르기(back clipping)
ad(vertisement), auto(mobile), celeb(rity), condo(minum), deli(catessen), gas(oline)
(4) 앞부분 자르기(fore clipping)
(ham)burger, (rac)coon, (heli)copter, (tele)phone, (air)plane, (cara)van
(5) 중간부분 자르기(middle clipping)
H(ert)z, veg(etari)an, y(ea)r, h(ou)r
(6) 복합 자르기(mixed clipping 혹은 complex clipping)
(in)flu(enza), (re)frige(rator), (E)liz(abeth), (de)tec(tive)

자르기는 한 단어 안에서 이루어지기도 하고, 두 개 이상의 단어로 이루어진 구(phrase)나 복합어에서도 여러 방법으로 자르기가 이루어진다. 첫째, (7)에 주어진 예에서 볼 수 있듯이 구 혹은 복합어에서 첫 단어의 앞 일부를 남기고 나머지 부분을 자른 후 사용된다.

(7) perm(anent wave), pop(ular music), prefab(ricated house), pub(lic house), typo(graphical error), zoo(ological garden)

둘째, 복합어나 구를 구성하는 요소 가운데 한 단어에서만 자르기가 일어나기도 한다. (8)에 주어진 예처럼 뒤에 오는 단어에서만 자르기가 이루어지거나, (9)에 주어진 예처럼 앞에 오는 단어에만 자르기가 이루어지기도 한다. (8)의 예들은 뒷부분에서 자르기가 이루어진다는 점에서는 (7)의 예들과 유사하지만, 두 번째 단어에서 절단이 이루어지고 첫 번째 단어는 그대로 유지된다는 점에서는 차이를 보인다.

(8) skylab(< sky lab(oratory))　　showbiz(< show bus(iness)
(9) op art(< op(tical) art)　　　　org-man(< org(anization) man)

마지막으로, 구나 복합어를 이루는 단어들 각각에서 자르기를 하는 방법, 즉 자르기가 두 번 일어나는 경우도 있다. 그 예는 다음과 같다.

(10) hi-fi(< hi(gh) fi(delity))
　　 Interpol(< Inter(national) Pol(ice))
　　 sit-com(< sit(uation) com(edy))
　　 sci-fi(< sci(ence) fic(tion))

(10)에 제시된 단어들은 얼핏 보면 두 단어가 잘라 합쳐진 혼성어(blend)처럼 보이지만, 앞 단어에서는 앞부분을, 뒤 단어에서는 뒷부분이 합쳐 하나의 단어가 된다는 혼성어의 정의에 맞지 않는다. 또한 합성어와 달리 복합어에서 만들어진 자르기 단어는 복합어 강세가 자르기가 일어난 후에도 그대로 유지된다(Bauer 1993, 강은경 2009). 이 점을 고려할 때 위에 주어진 단어들은 기존의 단어에서 자르기가 이루어진 후 합성된 혹은 복합어를 구성하는 요소에서 각각 자르기가 2회 이루어진 절단복합어(clipped compound)이다.

이제까지 제시된 절단어의 예들을 통해 짐작할 수 있듯이, 뒷부분 자르기에 의해 만들어진 단어들이 가장 빈도가 높고 앞부분이나 중간 부분을 자른 후 새로운 어휘를 만드는 경우는 빈도가 아주 낮다(참고로 Tournier (1985)에 따르면 4개의 절단어 가운데 3개가 뒷부분 절단어라고 한다).

출처어가 주어졌을 때 어느 부분이 잘려 나갈지를 결정하는 규칙을 찾기는 쉽지 않다. 또한 자르기가 이루어진 후 남은 부분은 형태소 경계나 음절 경계와 일치하지 않은 경우도 많다(예: exam의 원래 단어인 examination은 e.xa.mi.na.tion의 음절 경계를 갖고 있다. 따라서 자르기는 음절 경계가 아닌 음절 중간에서 이루어진 것이다). 이러한 이유 때문에 일부 학자들은 자르기가 어 형성 방법이 아니라고 주장하기도 한다. 그럼에도 불구하고 대부분의 영어 교재에서는 어 형성 방법 가운데 하나로 자르기를 소개하고 있다.

이처럼 절단 부분에 대한 일관된 규칙을 찾기는 어렵지만 출처어의 종류에 따라서는 절단 부분을 예상할 수 있는 경우도 있다. 절단되기 이전의 출처어가 복합어인 경우에는 대체로 앞부분이 절단되고, 복합어의 핵(head)이 되는 부분을 남긴다. 아래 주어진 예들은 모두 복합어의 핵을 남기고 나머지 부분을 절단한 후 사용하는 경우들이다.

    (11) (suit)case, (check)mate, (turn)pike, (earth)quake, (cock)roach

하지만 라틴어나 그리스어에 기원을 둔(복합어를 포함한) 어휘, 즉 신고전어들(neo-classical words)은 이와는 반대의 특징을 보여 뒷부분 자르기를 하고 앞부분을 새로운 어휘로 사용한다. 그 예를 들면 다음과 같다.

    (12) chemo(theraphy),   extra(ordinary),   hyper(critic),   hypo(chondirac),
           incog(nito), mob(ile crowd), penult(imate), rep(utation), ult(imate)

절단어의 품사적 특징을 살펴보면, 절단된 후에도 자르기 전 출처어의 품사를 그대로 유지한다. 또한 절단어 대부분은 명사이며, 동사라 할지라도 절단어가 된 후에 명사로 품사 전이가 이루지는 경우가 많다. 제이메(Jamet 2009)의 위키피디아에 소개된 뒷부분 자르기에 의해 만들어진 단어들의 분석 결과를 살펴보면, 290개의 절단어 가운데 265개가 명사로 나타났다. 분석 결과를 좀 더 자세히 살펴보면 다음과 같다.

(13) 절단어의 품사 분석 결과 (Jamet 2009)
    명사   265   91.38%
    형용사 20   6.90%
    동사   3   1.03%
    부사   2   0.69%
    합계   290   100.00%

절단어는 일반 단어처럼 사전에 등재되기도 하고, 또한 명사 절단어의 경우에는 일반 단어처럼 복수형 등의 굴절 어미가 첨가될 수도 있다. 또한 다른 명사와 복합어를 이루기도 한다.

(14) 굴절어미 첨가: fridges, gyms, phones
(15) 복합명사: fridge magnet, gym shoes, phone book

■ 절단어의 의미적 특징

절단어는 절단되기 이전의 출처어와 거의 동일한 의미를 가진다. 이점 역시 앞서 언급한 형태론적 이유와 더불어 학자들이 자르기를 부차적인 어 형성 방법이라 주장하는 이유이다. 하지만 경우에 따라서는 출처어와는 다른 사회 언어적 의미를 가지기도 한다. 절단어는 대화를 나누는 사람들 사이에 친숙함을 나타내거나, 격식을 차리지 않은 어휘에 속하거나, 속어(slang) 혹은 은어(jargon)의 성격을 띠는 등, 출처어와는 다른 사용역(register, 각각의 다른 상황에서 사용되는 특징적인 언어. 예: 문어와 구어는 서로 다른 사용역이다)에서 사용되는 경우도 많다. 특히 다른 사용역에 속할 경우 출처어보다는 보다 특화(specialization)된 그리고 보다 한정된(narrowing) 의미로 사용된다. 예를 들어 examination은 학교에서는 '시험', 병원에서는 '진찰, 진료', 또한 다른 분야에서는 '검사', '관찰', '조사' 등등 맥락에 따라 다양한 의미로 사용된다. 하지만 examination의 절단형인 exam은 학교에서의 '시험'이란 의미로만 사용된다. 또한 application은 '적용, 응용, (학교나 직장에) 지원, 신청, 몰두, 외용 연고, (약을) 바름, 응용소프트웨어, 컴퓨터 응용프로그램' 등 다양한 의미를 가지고 있으나, 절단형인 app은 '응용소프트웨어, 컴퓨터 응용프로그램'이라는 제한된 의미로 사용된다. app은 원래 해커들 사이에서 쓰는 은어 혹은 속어로 사용되었지만 최근 스마트폰의 보급으로 인하여 일상에서 일반 단어처럼 사

주제별 절단어

- 호칭
  doc. Jr. prof. Mr. Ms. Mrs.

- 월, 요일, 시간
  월(month) : Jan. Feb. Mar. Ap.(Apr) Jun.(Je.) Jul.(Jy.) Aug. Sep. Oct. Nov. Dec.
  요일 : Mon. Tues. Wed. Thur. Fri. Sat. Sun.
  시간 : min. sec. hr. yr.
  호칭이나 시간(단위)의 절단형은 절단이 이루어졌다는 것을 표시하기 위해 마침표를 사용한다.

- 동물이름
  chim(panzee), (alli)gator, hippo(potamus), orang(utan), rhino(ceros)

용되고 있는 경우이다. 또한 같은 의미의 application과 비교하면 원래 형태는 격식을 차린 어휘로, 절단형인 app은 격식을 갖추지 않은 어휘로 구분되기도 한다. 의미상의 특화 현상을 보이는 절단어의 예를 더 살펴보면 다음과 같다.

(16) curiosity '호기심, 흔치 않은 물건, 골동품'
　　　curio '흔치 않은 물건, 골동품'
(17) exposition '전시, 진열, 설명, 전시회, 박람회'
　　　expo '전시회, 박람회'

절단어는 역사적으로 의미의 변화를 겪기도 한다. 절단어의 출처어에서 일부 의미가 사라지기도 하고, 절단어가 출처어와는 다른 새로운 의미를 얻기도 한다. 예를 들어 절단어 mob의 출처어인 mobile(움직이는)은 더 이상 현대영어 mob '폭도'의 의미로 사용되지 않으며, 스위스의 도시 Geneva(제네바, 스위스의 도시이름)의 절단어인 gin은 이제 더 이상 도시를 의미하지 않고 술의 한 종류를 나타내게 되어 절단어와 출처어가 서로 관련이 있다는 것을 짐작조차 하기 어렵게 되었다. 또한 periwig(가발)의 절단어인 wig는 '가발' 이외에도 '재판관, 질책(하다)'의 새로운 의미로도 사용된다.

(18) mob 유형의 의미 변화를 겪은 절단어와 출처어
　　　chap(놈, 녀석) < chapman(상인)　　brandy(브랜디) < brandewine
(19) gin 유형의 의미 변화를 겪은 절단어와 출처어
　　　vamp(요부) < vampire(흡혈귀)
(20) wig 유형의 의미 변화를 겪은 절단어
　　　miss(아가씨) < mistress(여주인)
　　　cab(택시) < cabriolet(이륜포장마차, 쿠페형 자동차)

van(소형화물자동차) < caravan(여행단, 포장마차)
navvy(차량용 길안내 장치) < navigator(항공사, 항법사, 비행기 미사일의 자동 진로 조정장치)

■ 절단어의 철자 및 음성적 특징

앞서 언급하였듯이 절단의 첫 번째 목적은 출처어의 철자를 짧게 줄여주는 것이므로 절단어는 철자에서 가장 눈에 띄는 특징을 보인다고 할 수 있다. 절단이 어디에서 이루어지느냐 혹은 얼마만큼을 잘라낼 것인가에 대한 규칙이 따로 없지만, 얼마만큼을 남길 것인가에 대하여는 대체로 정해져 있는 것처럼 보인다.

절단어들은 대부분의 경우 1~2음절로 구성되어 있다. 제이메(2009)에 따르면 절단어 290개 가운데 170개가 1음절어이였고, 105개가 2음절어이였다. 즉 1~2음절 뒷부분 절단어는 총 275개로서 전체의 약 95%에 해당한다. 나머지 15개는 모두 3음절어로 3음절보다 많은 음절로 구성된 절단어는 거의 없다는 것을 알 수 있다.

특히 1음절로 구성된 절단어는 모두 음절의 말음(coda)이 1개 이상의 자음으로 끝난다. 2음절 이상으로 구성된 절단어 역시 대부분이 자음으로 끝나지만, 이 경우에는 모음으로 끝나는 경우도 간혹 발견된다. 다시 제이메(2009)의 뒷부분 절단어의 분석 결과를 보면, 290개

Goodbye도 절단어??

goodbye는 God be with ye (신의 가호가 있기를)의 16세기(1573년)의 절단형인 Godbwye (< god b(e) w(ith) ye, 셰익스피어는 Godbyye를 사용했다. 여기서 첫 번째 y는 초기현대영어시기의 <th> 철자 대신에 <y>를 사용하기도 했기 때문이다)에서 기원한다. 이 절단형에서 god은 good day, good morning, good night과 같은 인사말들과의 유추에 의해서 good으로 대체되어 오늘날의 goodbye가 만들어 졌다.

절단어 가운데 206(71.03%)개가 자음으로 끝났고, 나머지 84개 (28.97%)가 모음으로 끝나고 있다. 후자의 경우, 57개가 <o>로 끝나는 절단어였는데 나머지 뒷부분 절단어 중 모음으로 끝나는 절단어에 나타나는 모음 종류와 그 빈도를 보면 다음과 같다.

(21) 모음으로 끝나는 뒷부분 절단어의 어말 모음의 종류 (Jamet 2009)
   <o>   original o 55 (65.48%)
   <o>   added o   2 (2.38%)
   <i>   original i   13 (15.48%)
   <ie, y, i, ey> added   12 (14.28%)
   <a>   original a   2 (2.38%)

<o>로 끝나는 57개의 절단어 가운데 55개는 출처어에 <o>를 가지고 있는 경우이었고 나머지 2개는 출처어에 없던 <o>가 붙어 만들어진 경우이다. 후자의 경우는 <o>가 일종의 접미사 역할을 한다고 볼 수 있다. <o>는 zoo를 제외하고 모두 [əʊ]로 발음된다. <o>로 끝나는 뒷부분 절단어의 예는 다음과 같다.

  (22) auto, bio, bro, camo, chemo, info, intro, limo, mayo
  (23) combo, combi(< combination) ammo(< ammunition)
     aggro(< aggravation) lesbo(< lesbian, homo와의 유추에 의해)

> **Q** (22)에 주어진 절단어의 절단되기 전의 형태는 무엇일까?
>
> **A** automobile, biology(혹은 biography), brother, camouflage, information, introduction, limousine, mayonnaise

〈o〉의 경우 대부분 출처어에 〈o〉 철자를 가지고 있으나, 나머지 모음의 경우, 특히 〈ie〉와 〈y〉는 출처어에 없는 철자로서 절단 후 첨가된 접미사의 기능을 한다고 할 수 있다. 특히 사람 이름의 절단형에 이들 철자가 있는 경우에는 애칭을 나타내는데 주로 사용된다.

(24) 〈ie, y〉로 끝나는 절단어
  comfy(< comfortable) movie(< moving picture)
  telly(< television)   veggie(< vegitarian)

(25) 사람 이름의 절단형에 붙는 〈ie, y〉
  Mandy(< Amanda) Andy(< Andrew)
  Charlie(< Charles) Lizzie(< Elizabeth)
  Patty(< Patricia)   Robbie(< Roberta)

> **Q** 절단은 이름의 애칭(hypocoristic)을 만드는데 자주 사용된다. 다음에 주어진 이름에 절단이 이루어진 후 만들어진 애칭은 무엇일까?
>
>   Caroline, Elizabeth, Gilbert, Robert, Steven, Virginia
>
> **A** Caroline: Carol, Lyn, Carrie, Cary
> Elizabeth: Liz, Lisa, Liza, Beth, Bess, Bessy, Betty, Bettie
> Gilbert: Bert Robert: Rob, Bert, Bob Steven: Steve
> Virginia: Gincer, Ginny

이 밖에 절단어에서 나타나는 철자와 발음의 특징을 살펴보면 첫째, 절단어(특히 뒷부분 절단어)가 만들어지면 출처어에 있던 강세가 왼쪽으로 이동하는 경향을 보인다.

(26) 강세 이동
  déli(< delicatéssen) ápp(< applicátion)
  bóokie(< book máker) chémo(< chemothéraphy)

둘째, 절단이 이루어지면서 철자의 변화가 생기기도 하는데 철자 변화가 생기면 발음 또한 달라지기도 한다. 철자가 변하는 이유를 모두 규명할 수는 없지만, 아마도 절단 후 형태와 기존의 다른 단어와의 구별을 위하여(예: navvy, civvy, showbiz), 절단어의 발음에 가깝게 철자를 만들기 위해(예: prog), 혹은 영어의 음소 배열 규칙을 지키기 위해(예: trank) 등의 이유를 들 수 있다.

(27) 철자나 발음의 변화가 일어난 절단어
    afish(< aficionado)   bike(< bicycle, [s] > [k])
    civvy(< civilian)   coke(< Coca-Cola)
    delish(< delicious)   deets(< details)
    fax(< facsimille)   mike(< microphone)
    perk(< perquisite)   prog(< proctor, [k] > [g])
    fridge(< refrigerator)   sarge(< sergeant)
    showbiz(< showbusiness, *cf.* bus)   trank(< tranquilizer)

16세기부터 시작된 절단어 만들기는 현재 이 순간에도 계속 이루어지고 있다. 맥킨(McKean 2011)은 최근에 만들어진 절단어인 totes(< totally)와 cazh(< casual)의 예를 들며, 우리는 절단어를 사용하지 않고 하루를 보내기 어렵다며 다음과 같이 말하고 있다.

"… ; you couldn't prep for bio or chem exam. You couldn't undergo chemo, join a fan club, play your cello or piano, or plug your Strat into an amp. No matter how good your intel or how extensive your recon, you couldn't be sure your info was legit, which could affect your cred and your rep…"

("… ; 당신은 생물이나 화학 시험을 준비할 수 없을 것이다. 당신은

화학치료를 받을 수 없고, 팬클럽에 가입할 수 없고, 첼로나 피아노를 칠 수 없고, 전자기타를 앰프에 꽂을 수도 없을 것이다. 당신의 지능이 얼마나 좋던, 당신의 수색 능력이 얼마나 폭넓던 간에 상관없이, 당신의 신뢰도와 명성에 영향을 줄 수 있는 당신의 지식이 합법적이라는 것을 당신은 확신할 수 없을 것이다…")

Q 인용된 문장에 사용된 절단어와 절단되기 전의 형태는 무엇일까?

A prep(are), bio(logy), chem(istry), chemo(therpy), fan(natic), (violin)cello, piano(forte), Strat(ocaster), amp(lifier), intel(ligence), recon(naissance), info(rmation), legit(imate), cred(ibility), rep(utation)

5.2 잘라 합치기(Blending): 혼성어

우리에게도 잘 알려져 있는 작가인 루이스 캐럴(Lewis Carroll)의 작품 『이상한 나라의 엘리스(Alice in Wonderland)』에는 재버워키(Jabberwocky)라는 난센스 시가 실려 있다. 언뜻 보기에는 어려워 보이지 않지만 실제 읽어보면 익숙하지도 않은 단어들이 많아 곧바로 이해되지 않을 수도 있다. 시의 첫 연을 읽어보자.

Twas brillig and the slithy toves
Did gyre and gimble in the wabe.
All minsy were the borogroves
And the nome raths outgrabe.
오후 4시였어요. 활발하고 끈적끈적한 토브들이
해시계 주변의 풀밭에서 빙글빙글 돌며 구멍을 팠어요.

보로그로브들은 모두 불쌍하고 연약하고
그리고 초록 돼지들은 길을 잃었는지 재채기를 해 가며 휘파람과 큰 소리를 내요.

일반 독자는 이 시뿐만 아니라 『이상한 나라의 엘리스』 소설 원본을 읽어 내려가다 보면 고개를 갸우뚱거릴 때가 많을 것이다. 지금 읽었던 시도 단 네 줄, 그리고 23개의 단어들이 들어있는 짧은 문단이지만 and, the, did, gyre, in, all을 제외하고는 대부분의 단어들은 그 뜻을 알기가 힘들다.

그 이유는 루이스 캐럴이 잘라 합치는 방법을 통해 스스로 만든 새로운 단어들인 혼성어(blends)를 많이 사용했기 때문이다. 간혹 작품 안에 나오는 등장인물 중 하나가 그 단어들을 설명해주는 경우도 있다. 험티 덤티(Humpty Dumpty)는 이 시의 내용을 전혀 알아듣지 못하는 엘리스에게 'minsy'는 miserable(불쌍한)과 flimsy(연약한)가 잘라 합쳐진 단어로 '불쌍하고 연약한'의 의미이고 'slithy'는 slimy(끈적거리는)와 lithe(=active, 활동적인)가 잘라 합쳐진 단어로 '끈적거리면서 활발한'이란 뜻을 가진다고 설명한다.

1871년 『이상한 나라의 엘리스』가 출간된 지 140여년이 흐른 지금, 다행스럽게도 chortle(낄낄대며 웃는 모습이라는 뜻으로 '웃다'는 뜻의 단어로 chuckle과 '코웃음을 친다'는 뜻의 snort를 잘라 합친 것이다)이나 galumph(말이 뛰는 모습을 뜻하는 단어로 gallop과 triumphant가 합쳐진 것으로 승리를 한 후 돌아온 말이 활기차게 뛰는 모습처럼 기뻐 껑충껑충 뛰는 것을 말한다)와 같은 단어들은 사전에서 그 의미를 찾을 수 있지만 또 다른 그의 동화 제목에 있는 snark(뱀과 상어가 합쳐진 동물의 모습 snake + shark) 등을 비롯한 대부분의 단어들은 사전에 등재되지 않아 그 뜻을 알아내기가 쉽지 않다.

루이스 캐럴은 작가의 창작력을 나타내기 위해 수많은 혼성어를 만들어 사용하였지만, 최근 들어 다양한 분야에서 다양한 목적으로 잘라 합치기에 의해 만들어진 혼성어의 수가 점차 증가하고 있다. 혼성어 또한 5.1에서 살펴본 자르기에서처럼 기존 철자에 큰 변화를 일으키게 된다. 이제 혼성어의 예와 그 특징을 살펴보도록 하겠다.

■ 혼성어의 정의 및 구조

잘라 합치기, 즉 혼성(blending)은 영어는 물론 우리말을 포함하여 수많은 언어에서 활발하게 사용되고 있다. 특히 영어의 경우 기존의 단어를 잘라 합칠 때 사용하는 방법이 다양하기 때문에 이에 대한 연구는 국내외 학자들에 의해 상당히 많이 이루어져 왔다.

혼성어(blends)의 흥미로운 점은 혼성어가 기본적으로 복합어(compounds)와 파생어(derived words)의 성격을 동시에 가지고 있으면서도 이 두 유형과 구분되기 때문이다. 혼성어는 두 개의 단어(물론 드물기는 하지만 3개의 단어가 결합하여 만들어진 혼성어도 있다)에서 출발한다는 점에서는 복합어와 유사하나 복합어와 달리 그 출처가 되는 두 개의 단어의 형태를 그대로 유지하지 않고 기저부의 두 단어 모두 혹은 어느 한 단어

> 잘라 합치기를 통해 만든 단어인 혼성어는 영어로 blend 혹은 portmanteau라고 불린다. portmanteau란 용어는 루이스 캐럴이 『이상한 나라의 앨리스』에서 처음으로 사용하였다. 이 단어 역시 잘라 합치기를 통해 만들어진 단어이다. 프랑스어 단어 porter (영어로 carry(나르다)의 의미)의 잘린 부분인 port와 프랑스어 단어 manteau (영어로 coat(코트)의 의미)가 합쳐 만들어진 것으로서, 가방 안쪽이 두 부분으로 나누어져 있는 여행 가방을 뜻했다. 험티 덤티는 portmanteau를 한 단어에 두 의미가 들어있는 것('there are two meanings packed up into one word.')이라고 앨리스에게 설명해 준다. 즉 각각의 의미를 가진 두 개의 단어가 하나의 단어가 되어 새로운 의미를 갖게 된 단어를 가리킨다.

를 잘라서 그 일부를 모아 새로운 단어를 형성하게 되며, 따라서 새로운 철자와 함께 새로운 의미도 가지게 된다. 예들 들어 Labrador와 poodle을 그대로 합치면 래브라도 산 푸들(Labrador poodle)이라는 복합어가 되지만, 각각의 단어에서 부분을 잘라 합쳐서 Labradoodle이라는 혼성어를 만들게 되면 이때의 뜻은 래브라도 산 리트리버와 푸들을 교배해서 낳은 개라는 뜻이 된다(Dubosarsky 2008). 혼성어를 구성하는 잘라진 단어의 조각(splinter)은 대부분의 경우 단독으로 독립적으로 사용되지 않고 있다는 점에서 파생 접사와 유사하지만, 파생 접사와 달리 자유롭게 어기(base)에 붙어 다양한 신조어를 생산해 내지 못한다.

〈그림 1〉 래브라도 산 리트리버와 푸들을 교배해서 낳은 래브라두들(Labradoodle(왼쪽)과 푸들의 모습(오른쪽) (출처: http://www.dogbreedinfo.com/miniaturepoodle.htm)

이러한 혼성어의 특징을 반영하여 레러(Lehrer 1996)는 혼성어를 축약된 복합어(shortened forms of compounds)라 정의하고 있다. 알지오(Algeo 1977)는 혼성어란 기저부에서는 복합어이며, 두 단어의 일부분이 모이거나 혹은 한 단어 전체와 다른 단어의 일부분으로 구성되어 있는 단어라 정의 내린다. 알지오는 혼성어의 기저형을 구성하는 두 단어 가운데 어느 한 단어에서만 자르기가 일어난 경우도 혼성어로 보았다. 반면 플래그(Plag 2003)과 구보조노(Kubosono 1990)는 보다 엄격한 기준을 적용하여, 혼성어는 기저형을 구성하는 두 단어 모두에서 자르기가 일어난 후 합쳐져 만들어진 단어라고 정의하고 있다.

기저형에 존재하는 두 단어의 일부분 혹은 온전한 한 단어와 또 다른 단어의 일부분과 결합을 학자들은 저마다 다양한 방식으로 분류하고 있다. 그러나 기본적으로 혼성어를 만드는 과정에는 두 과정, 자르기(혹은 절단)와 중첩(overlapping)이 관여된다. 이후 어느 부분을 자르느냐에 따라 그리고 어느 부분이 얼마만큼 중첩되느냐에 따라 다양한 구조가 만들어지게 된다. 우선 자르기가 일어나는 경우를 살펴보자. 예를 들어 AB라는 단어와 XY라는 단어는 자르기가 어떻게 일어나느냐에 따라 가질 수 있는 가능한 모든 구조를 고려하여 도식화해 보면 다음과 같다.

(28) 절단 위치에 따른 혼성어의 내부 구조
    a. 앞단어는 유지되고 뒷단어의 뒷부분 절단: ABX
    b. 앞단어는 유지되고 뒷단어의 앞부분 절단: ABY
    c. 앞단어의 뒷부분 절단되고 뒷단어는 유지: AXY
    d. 앞단어의 앞부분이 절단되고 뒷단어는 유지: BXY
    e. 앞단어의 뒷부분이 절단되고 뒷단어의 앞부분 절단: AY
    f. 앞단어의 앞부분이 절단되고 뒷단어의 뒷부분 절단: BX
    g. 앞단어와 뒷단어 모두 뒷부분 절단: AX
    h. 앞단어와 뒷단어 모두 앞부분 절단: BY

(28)에 주어진 내부구조 가운데 (28a)와 (28f)의 구조를 가진 혼성어는 영어에서는 존재하지 않으며, (28d), (28h)와 같은 내부구조를 갖는 경우도 영어에서는 드물게 보인다. 물론 (28d)의 구조를 가진

netiquette(< Internet + etiquette)와 blog(< web + log), (28g)의 구조를 가진 netizen(< Internet + citizen)이 존재하기는 하지만 이러한 내부구조를 가진 영어 혼성어는 거의 존재하지 않는 것으로 여겨진다. 알지오(1977)와 레러(2007)는 (28g)의 구조를 혼성어의 한 유형으로 분류하고 있지만 사실 (28g)의 경우는 이미 5.1에서 언급하였듯이 혼성어보다는 절단복합어(clipped compound)에 더 가깝다고 할 수 있다.

(28a), (28d), (28f), (28g), (28h)를 혼성어의 구조적 유형에서 제외하면 나머지 혼성어들은 기본적으로 앞단어의 앞부분과 뒷단어의 뒷부분이 유지된다는 공통점이 있다. 그러므로 이 책에서는 기저의 복합어를 구성하는 두 단어 가운데 절단이 적어도 한 번 이상 일어나고 결합된 결과가 앞단어의 앞부분이 뒷단어의 뒷부분이 유지되는 경우를 혼성어로 정의 내린다.

영어 혼성어의 가능한 내부구조인 (28b), (28c), (28e) 가운데 (28b)와 (28c)는 두 개의 단어 가운데 하나가 온전한 형태로 유지되며 절단이 나머지 단어에서 일어나는 경우이다. 먼저 앞 단어가 그대로 유지되고 뒷단어에서 절단이 이루어져 만들어진 혼성어의 예는 다음과 같다.

(29) 뒷단어에서만 절단이 이루어지는 경우(AB/XY → ABY)
    backronym(< back + acronym)   chatire(< chat + satire)
    dumbfound(< dumb + confound)   jazzercise(< jazz + exercise)
    mocktail(< mock + cocktail)   shareware(< share + software)
    soundscape(< sound + landscape)   workoholic(< work + alcoholic)

반면에 앞단어에서 절단이 이루어지고 뒷단어는 온전히 유지되는 혼성어의 예는 다음과 같다.

(30) 앞단어에서만 절단이 이루어지는 경우(AB/XY → AXY)

amtrack(< America + track) docudrama(< documentary + drama)
frankenfood(< Frankenstein + food) melodrama(< melody + drama)
narcoma(< narcotic + coma) paratroops(< parachute + troops)

기저의 두 단어에 모두 절단이 일어난 후 합쳐져 (28e)의 구조를 가진 혼성어의 예는 다음과 같다.

(31) 두 단어에서 모두 절단이 이루어진 경우(AB/XY → AY)

blurt(< blow + spurt) brunch(< breakfast + lunch)
camcorder(< camera + recorder) cineplex(< cinema + complex)
electrocute(< electronic + execute) ginormous(< gigantic + enormous)
hacktivist(< hacker + activist) intercom(< internal + communication)
Oxbridge(< Oxford + Cambridge) smaze(< smoke + haze)
snizzle(< snow + drizzle) splurge(< splash + surge)
stagflation(< stagnate + inflation) telethon(< telephone + marathon)

혼성어가 또 다른 혼성어의 출처어가 되는 경우

multiplex(< multiple + cineplex) cf. cineplex(< cinema + complex)
vog(< volcano + smog) cf. smog(< smoke + fog)
voxel(< volume + pixel) cf. pixel(< picture + element)

다음 단어들의 공통점은?

flush, twirl, dumfound, flurry, podcast

모두 잘라 합치기에 의해 만들어진 혼성어이다.
flush는 최초로 사전에 등재된 잘라 합치기로 만들어진 단어로 OED는 1548년부터 이 단어가 문헌에서 발견된다고 말하고 있다. flush는 '얼굴이 확

붉어지다' 혹은 '물이 한꺼번에 쏟아진다'는 뜻으로 요즘에는 '화장실 변기의 물을 내린다'는 의미로 많이 쓰이고 있다. 어떤 단어들이 합쳐진 것일까? 바로 '찰나, 순간'이라는 뜻의 flash와 '쏟아져 나오다'의 gush이다. twirl(< twist + whirl, 춤을 추면서 빙글빙글 돌다)은 1598년에, dumfound(< dumb + confound, 너무 놀라 말문이 막히다)는 1653년에, flurry(< flutter + hurry, 잠시 한바탕 벌어지는 소동)는 1698년에 사용된 것으로 기록되고 있다. 이들 단어들은 아주 오래 전에 만들어졌기 때문에 현대영어 사용자들은 이 단어들이 잘라 합치기에 의해 만들어진 단어인지 원래부터 있었던 단어인지 알 수 없다. 반면 podcast는 최근 새로이 만들어진 단어로 아이팟(iPod)라는 특정 브랜드 이름과 방송이라는 broadcast를 잘라 합쳐 아이팟 기기를 통해서만 볼 수 있는 방송프로그램 이름으로 사용되었으나 최근에는 컴퓨터와 온라인을 통해 볼 수 있는 프로그램이라는 보다 일반화된 단어로 사용된다.

이제까지 주어진 혼성어의 예는 모두 절단만 작용된 경우이다. 하지만 혼성 과정에는 절단뿐만 아니라 중첩이 일어나기도 한다. 따라서 중첩 여부에 따라 학자들은 혼성어를 중첩혼성어(overlapping blends)와 비중첩혼성어(nonoverlapping blends)로 구분하기도 한다. 중첩혼성어는 두 개의 출처어(source word)들이 하나 혹은 그 이상의 분절음이나 글자가 겹치면서 합쳐지는 경우를 일컫는데, 그 예를 살펴보면 다음과 같다.

(32) 중첩이 이루어진 경우
bash(< bang + smash)   Bollywood(< Bombay + Hollywood)
ebonics(< ebony + phonics)   escalator(< escalade + elevator)
flare(< flame + glare)   flurry(< flutter + hurry)
informercial(< information + commercial)   motel(< motor + hotel)
smog(< smoke + fog)   spork(< spoon + fork)
tangelo(< tangerine + pomelo)   waddle(< wade + toddle)

(32)에 주어진 예들은 중첩되는 요소를 중심으로 앞단어의 절단 후 남은 부분과 뒷단어의 절단 후 남은 부분이 나란히 온다. 이와 달리 중첩되는 요소가 서로 연이어 나오지 않기도 한다. 중첩되는 부분이 두 단어의 도처에 올 수 있다. 그 예를 살펴보면 다음과 같다.

(33) 중첩된 부분이 연속적이지 않은 경우
fantabulous(< f̲antastic + f̲abulous)
flustrated(< f̲lu̲stered + f̲ru̲strated)   splatter(< s̲p̲lash + s̲p̲atter)

중첩이 이루어질 때 겹치는 부분이 앞단어나 뒷단어를 온전한 형태로 유지시켜주기도 한다. 예를 들어 swaption(금리통화에 있어 교환거래 선택권)(< swap̲ + p̲option)의 중첩된 <p>는 앞 단어를 온전한 형태로 만들어주며, emoticon(< emoti̲on + i̲con)의 중첩된 <i>는 뒷단어 icon을 온전한 형태로 만들어 주기도 한다. 이와 같은 예를 더 살펴보면 다음과 같다.

(34) 중첩된 분절음이 앞단어 혹은 뒷단어를 온전한 형태로 만들어 주는 경우
cinemactress(< cinema̲ + a̲ctress)   dancercise(< dancer̲ + exer̲cise)
faddiction(< fad̲ + ad̲dition)   faction(< fact̲ + fict̲ion)
squangle(< squa̲re + a̲ngle)

이제까지 다루어진 혼성어와는 아주 다른 방식으로 혼성이 이루어지는 경우들도 있다. 한 단어의 절단된 요소가 마치 접요사(infix)처럼 다른 단어의 중간에 끼어들어간다. 이러한 유형의 혼성어를 간단히 도식화하면 다음과 같다.

(35) ACB/XY → AYB, AXB 혹은 AXYB

(35)에 주어진 방식으로 만들어진 혼성어는 내포혼성어(embedded blends) 혹은 이식혼성어(implant blends)(Soudek 1978)로 불리기도 하며, 이들은 아주 드물게 사용될 뿐만 아니라 두 단어의 결합 위치가 한눈에 파악되지 않는다는 어려움이 있다. 앞에서 언급된 루이스 캐럴이 만든 혼성어 가운데 하나인 chortle(< chuckle + snort)이 AYB 구조에 해당된다. 즉 chuckle에서 가운데 -uck-가 절단되어 없어지고 이 자리에 snort에서 절단 후 남겨진 -ort가 합쳐져 만들어진 혼성어가 chortle이 된다. 내포혼성어의 예는 다음과 같다.

(36) askillity(< ability + skill, 능력이나 기술의 한계를 초월하는 행동)
delinguancy(< delinquency + lingual, 언어를 잘못 사용하는 것)
enshocklopedia(< encyclopedia + shock 무서운 영화에 대한 지식)

■ 혼성어의 음운론적 특징

절단에 의해 만들어진 1음절 혼성어를 살펴보면 앞단어의 두운(onset)과 뒷단어의 각운(rhyme)이 합쳐지는 경향을 보여준다(예: brunch, smaze등). 하지만 앞단어의 두운+핵(즉 body)과 뒷단어의 말음(coda)이 합쳐지는 경우도 발견된다(예: bodacious < bold + audacious). bash(< bang + smash)와 같은 혼성어는 핵이 되는 모음이 양 단어에 똑같이 존재하여 어느 유형인지 쉽게 판단할 수 없기도 하다.

혼성어에서는 대체로 각 단어의 강세음절이 유지되는 경향을 보인다. 두 개의 출처어 가운데 한 출처어의 강세가 전체 혼성어의 제1강세로 유지되기도 하고, 나머지 단어의 제1강세는 비강세가 되거나 혹은 제2강세로 유지되기도 한다. 강세음절이 혼성어를 자를 때 중요한 역할을 한다는 주장(Bet-El 1996)이 있는데 예를 들어 motor와 hotel이 잘라 합쳐져 motel은 될 수 있어도 *hotor (hotel의 hot와 motor의 (t)or가 결합한 혼성어)가 될 수 없는 것은 잘라진 음절이 모두 비강세음절이라 합쳐진 이후에 어느 음절도 강세를 가질 수 없기 때문이라는 것이다.

특정 단어는 혼성어를 이루는데 보다 생산적이어서 해당 단어의 절단된 조각이 일반 접사(affix)로서 형태소처럼 보이거나 혹은 이들 단어 조각과 결합한 혼성어들이 함께 유사한 의미영역(semantic field)을 구성하기도 하는데 각각의 예를 살펴보자.

(1) 생산적인 접사로 보이는 경우
-aholic(< alcoholic): 어떤 물건이나 행동에 지나치게 몰두된 혹은 중독된
        foodaholic, drugaholic, readaholic, shopaholic, milkaholic
e- (< electronic): 온라인상으로 이루어지는
        email, e-commerce, e-bucks, e-tail, e-learning, e-publishing, e-trade
-gate(< Watergate): 스캔들
        Irangate, Monicagate, Whitewatergate
-thon(< marathon): 오랜 시간동안 어렵게 이루어지는 기금 조성 행사
        walkthon, bikathon, jogathon, dancethon, paintathon, pianothon,
        poolathon, rockerthon, swimathon

(2) 유사한 의미영역을 구성하는 경우
-ware (< software): 컴퓨터 소프트웨어의 의미
        freeware, malware(malicious + software), shareware
-umentary(< documentary): 다큐멘터리처럼 실제 일을 기록하는 형태의 프로그램
        mockumentary, rockumentary, shockumentary
-ercise(< exercise): 운동의 의미
        boxercise, dancercise, jazzercise
-tainment(< entertainment): 즐길 수 있다는 의미
        advertainment, edutainment, infortainment, wintertainment
-ccino(< cappuccino): 커피와 우유의 혼용음료의 의미
        mochaccino, frappuccino

다음은 혼성어의 길이에 관해 살펴보자. 혼성어의 길이는 대체로 출처어의 길이에 의해 결정된다(Cannon 1986, Kubosono 1990, Bat-El 1996). 일반적으로 기저의 뒷단어가 더 긴 경향이 있으며(Cannon 1986, Kubosono 1990, Bat-El 1996, Kelly 1998)(예외. brunch), 영어에서의 일반 사용 빈도도 더 낮은 경향을 보인다(Kelly 1998). 기저의 뒷단어가 더 길다고 주장하는 학자들에 따르면 혼성어의 길이는 뒷단어의 길이에 의해 결정된다고 할 수 있다. 또한 최근 연구에 따르면 혼성어는 기저의 두 단어 가운데 한 단어의 전체 음절수를 유지하려는 경향이 있으며 출처어보다 짧은 음절수나 혹은 출처어보다 긴 음절수를 갖는 경우도 드물다고 한다(Hong 2004, Jin 2005).

■ 혼성어의 철자적 특징

혼성어를 만들 때에는 발음보다는 철자가 더 잘 유지되는 경향을 보인다. 중첩이 일어날 때도 두 단어가 공유하는 철자를 기준으로 앞뒤 단어의 절단이 이루어지고 이때 공유되는 철자는 한 번만 사용된다. 대부분의 경우 절단과 중첩이 일어난 이후에는 출처어 나머지 부분의 철자는 그대로 유지되는 경향을 보인다.

하지만 경우에 따라서 철자가 변경되는 경우도 있다. 예를 들어 picture와 element의 혼성어인 pixel(화소)은 출처어의 절단형 pic이 아니라 pic의 복수형 pix(=pics)와 el이 혼성이 됨으로서 출처어의 철자가 변경되어 만들어졌다. 절단 부위가 결합하면서 발음 변화가 일어나고 이로 인해 철자 변화 또한 일어나는 경우도 있다. teen(청소년)과 exploitation(착취)의 혼성어 teensploitation(청소년 착취)은 다른 혼성어에 사용되는 단어 조각인 -xploitiation(예: blaxploitation, sexploitation)이 아닌 -sploitation의 단어 조각을 가지고 있는데 그 이유는 이 단어에서는 다른 단어와 달리 [ks]가 다 발음되지 않고 [k]가 탈락되고 있기 때문에 <x> 대신에 <s>를 가지게 된 것이다. 아마도 합친 후의 형태에서 모음과 모음 사이에 여러 개의 자음으로 구성된 자음군이 만들어졌기 때문에 발음을 좀 더 쉽게 하기 위해 자음탈락이 일어나지 않았을까 추측해볼 수 있다. 이와는 반대로 발음을 쉽게 하기 위해 모음이 삽입되면서 철자에도 반영된 경우가 있는데 이때 사용되는 모음 철자는 주로 <a>와 <o>이다.

(37) bikathon(< bike + marathon), paintathon, poolathon, swimathon
cellophane(< cellulose + diaphane)

기타 철자 변화가 있는 혼성어의 예를 보면 다음과 같다.

(38) ditsy(< dizzy + dotty)   scuzzy(< scummy + lousy)

그 외에도 철자 상의 특징을 찾아보면 사람들의 주의를 끌거나 절단되는 부분을 표시하기 위해 대문자를 사용하거나 하이픈을 넣어 철자만 보아도 혼성어임을 알 수 있게 하는 경우도 있다.

(39) 대문자나 하이픈을 사용하는 혼성어(Lehrer 2007)
ARTstravaganza(< art + extravaganza) 예술품 전시회
Avant-Card(< avantgarde + card) 카드회사 이름
Art-O-batics(< art + acrobatics) 샌프란시스코 서커스센터의 공연
Eggs-quisite(< eggs+ exquisite) 오믈렛으로 유명한 식당에 관한 기사 제목
3-peat(<three + repeat) 3회 반복하다
veggie-Q(< veggie+ barbecu) 바베큐한 채소

■ 혼성어를 사용하는 이유

혼성어는 왜 만들며 왜 사용하는 것일까? 레러(2007)는 이 질문에 대한 답을 하기 위해 먼저 혼성어는 어느 분야에서 많이 사용되고 있는가에 대한 질문을 먼저하고 있다. 최근 들어 혼성어가 생산적으로 만들어지는 영역으로는 상품 이름, 광고, 신문이나 잡지 기사의 제목이라 말한다. 이 분야에서 혼성어가 많이 만들어지는 이유는 상품명이나 광고에 사용되는 경우, 소비자로 하여금 상품명을 잘 기억해서 시장에서 제품을 사도록 만들게 하는 것이 목적이고, 신문이나 잡지의 기사 제목의 경우라면 독자로 하여금 만들어진 혼성어를 나중에도 기억하도록 하는 것보다는 해당 기사를 끝까지 읽게 만드는 것이 그 목적이라고 한다. 이와 같은 목적을 달성하기 위해 혼성어는 장소, 회사, 가게, 단체의 이름, 그리고 인터넷에서 점점 더 많이 사용되고 있으며, 앞으로도 계속 새로운 단어를 만드는데 인기 있는 어 형성 방법일 것으로 예상된다. 따라서 더 많은 수의 혼성어가 만들어지면 이들은 영어의 어휘 영역 뿐 만아니라 철자 영역에도 영향을 미칠 수 있는 요소가 될 것이다.

5.3 첫 글자 모아쓰기(Abbreviating): 약어

현대영어에서 사용되고 있는 어휘 중 약어(abbreviated words)는 타의 추종을 불허하는 수준으로 생산과 사용 면에서 모두 급격한 증가를 보이고 있다. 이는 이전 시기의 영어와 구분되는 가장 뚜렷한 현대영어의 특징이라고 볼 수 있다. 팍스턴(Paxton 2003)은 금융 관련 약어 사전 개정판 서문에서 "약어 조제업은 오늘날 전 세계적으로 가장 빨리, 그리고 폭넓게 번창하고 있는 산업 가운데 하나"라고 말하고 있다. 과거에는 약어가 주로 기관이나 단체를 지칭하는데 많이 사용되었던 반면 최근에는 사회, 경제, 의학, 과학, 기술 분야 등 다양한 분야에서 생산되어 사용되고 있다. 또한 해당 분야의 급격한 변화와 발전에 의해 야기된 정보의 폭발적 증가는 많은 경우 약어의 폭발적 사용 증가로 이어지고 있다. 5.3에서는 현대영어 약어의 특징을 살펴보도록 하겠다. 약어는 특히 철자면에서 흥미로운 어 형성 방법으로 들 수 있는데 하나의 글자가 하나의 단어 전체를 대표하는 역할을 하고 있기 때문이다.

■ **약어의 정의 및 사용 이유**

약어는 여러 단어의 첫 글자를 혹은 경우에 따라서는 첫 음절을 모아서 새로운 단어를 만드는 방법을 일컫는다.

(40) Federal Bureau of Investigation > FBI
United States of America > USA
United Nations International Children's Emergency Fund > UNICEF
acquired immune deficiency syndrom > AIDS

이렇게 만들어진 약어들은 발음하는 방법에 따라 두 종류로 구분된다. 학자에 따라 다양한 용어가 사용되기도 하지만 일반적으로 FBI나 USA처럼 알파벳으로 읽는 약어를 이니셜리즘(initialism) 또는 알파베티즘(alphabetism)이라하고, UNICEF나 AIDS 처럼 한 단어로 읽는 약어를 애크로님(acronym)이라 한다.

그러면 약어는 왜 만들어지는 것일까? 약어는 여러 가지 이유에서 만들어지고 사용된다. 무엇보다도 약어의 축약 이전 형태는 여러 단어들로 구성되어 있거나, 아니면 일상생활에 흔히 사용되지 않는 길고 복잡한 전문 용어들로 구성되어 있다. 따라서 약어를 만들어 사용하는 가장 주된 이유는 축약 이전의 단어들을 짧게 줄여서 사용하기 간편하게 만들어주는 간결함 즉 경제성에서 비롯한다.

약어의 간결함은 여러 가지 효과를 가져 온다. 첫째, 복잡하고 어려운 단어들을 쉽게 기억할 수 있도록 도와준다. 예를 들어 deoxyribonucleic acid보다는 약어 DNA가 더 기억하기가 쉽고, acquired immune deficiency syndrome 보다는 AIDS가 더 기억하기가 쉽다.

약어의 이러한 특징으로 인해 약어는 기억술(mneumonics)의 한 방법으로 의도적으로 사용되기도 한다. 예를 들어 무지개 색깔을 약어로 만들어 사람 이름인 ROY G. BIV(red, orange, yellow, green, blue, indigo, violet)으로 기억하거나, 미국의 5대호 호수 이름의 첫 글자를 모아 약어 HOMES(Huron, Ontario, Michigan, Erie, Superior)로 만들어 보다 쉽게 기억하게 만드는 것이다. 기억술에 사용되는 잘 알려진 약어를 더 살펴보면 다음과 같다.

(41) 기억술에 사용되는 약어
　　FANBOYS: For, And, Nor, But, Or, Yet, So (등위접속사의 종류)
　　　　cf. fanboy (만화, 영화, 게임 등에 광적으로 집착하는 광팬)
　　NEWS: North, East, West South (방위: 북, 동, 서, 남)
　　　　cf. news (뉴스)
　　STAB: Soprano, Tenor, Alto, Bass (사중창에 필요한 음역: 소프라
　　　　　노, 테너, 알토, 베이스)
　　　　cf. stab (찌르다)

약어 사용의 두 번째 이유는 약어를 씀으로써 의사소통하는 데 걸리는 시간과 공간을 동시에 절약할 수 있다는 점이다. 예를 들어 시간을 다투는 병원의 응급 상황에서 짧은 약어를 사용하면 의사소통의

시간을 줄여 환자의 치료를 신속하게 할 수 있게 해줄 수 있다. 또한 회의나 발표 석상에서 다른 사람의 의견이나 질문을 기억하기 위해 메모를 해야만 하는 경우 좁은 지면이나 공간에도 원하는 내용을 다 쓸 수 있게 해 주는 역할도 한다. 마찬가지로 휴대전화로 문자를 보낼 때 약어 사용은 매체의 공간적 제약을 극복하도록 도와준다.

약어를 사용하는 이유는 지금까지 언급한 간결함과 경제성 외에도 몇 가지 더 있다. 우선 약어는 금기어를 피하고 완곡한 표현을 가능하게 해 주는 역할을 한다. snafu(situation normal all fouled up, 혼란 상태)를 대표적인 예로 들 수 있는데 이 약어는 군대에서 시작된 것으로 생각보다 좋지 않은 상황을 완곡하게 표현하도록 도와준다.

또한 어떤 분야의 전문성이 크면 클수록 사용되는 어휘들은 은어(jargon)의 성격을 띠게 되므로 약어를 사용함으로써 집단 내의 유대를 보다 더 강화하게 되며 심지어는 약어를 모르는 일반인을 배제하고 자신들만의 교감을 위해 약어를 사용하기도 한다.

이제까지 언급된 약어의 장점과는 대조적으로 약어의 지나친 사용은 여러 문제를 야기할 수 있다. 무엇보다도 약어의 사용은 그 의미를 모르는 사람에게는 불쾌감을 줄 수 있다. 그리고 동일한 약어를 사용하더라도 말하는 사람과 듣는 사람의 축약 전 형태가 다른 경우 오해를 불러일으킬 수 있고, 나아가 심각한 과오를 낳을 수 있다. 약어 사용에 있어 오해를 가져오는 가장 큰 이유는 약어의 다의성에서 비롯한다. 예를 들면, freedictionary.com에 실린 ABA의 축약 전 형태는 86개에 이르는데 그 일부를 살펴보면 다음과 같다.

(42) ABA (freedictionary.com)
    Amateur Boxing Association   American Badminton Association
    American Bakers Association   American Banking Association

American Baptist Association	American Bar Association
American Basketball Association	American Bass Association
American Beauty Association	American Beverage Association
American Bicycle Association	American Bioenergy Association
American Birding Association	American Booksellers Association
American Book Award	American Bowling Association
American Boxing Association	American Bridge Association
American Burn Association	American Bus Associations
Asian Business Association	Austrian Breastfeeding Association

 이처럼 관심 분야 혹은 관련 분야에 따라서 이 ABA의 B는 권투에서, 배드민턴, 야구, 볼링, 버스, 심지어는 모유 수유 등의 다양한 의미로 받아들여지게 된다. 마찬가지로 ABA는 변호사에게는 American Bar Association의 의미가 되고, 경제, 경영에 종사하는 사람들에게는 American Banking Association의 의미가 된다. 문맥을 통해서 약어의 정확한 의미를 확인할 수 없는 경우에는 사용자의 의도를 먼저 확실하게 밝혀야 의사소통에 문제를 가져오지 않게 된다. 글자 하나가 한 단어를 대표하게 되는 약어의 특성에 따라 같은 글자로 시작되지만 서로 다른 뜻을 갖는 단어라는 것을 구분할 수 없다는 점이 약어의 단점이기도 하다.

 약어의 이러한 특징 때문에 각계각층에서 약어의 지나친 사용에 대한 우려를 나타내고 있는 것도 사실이다. 예를 들어 국방부 고위관리인 마이클 부룬(Michael Bruhn)은 펜타곤 직원들에게 공식 문건에서의 약어 사용을 최소화할 것을 지시했다. 부룬은 그 이유를 "너무나 많은 약어들이 같은 형태이면서 서로 다른 뜻을 지니게 되는 다의성을 가지고 있을 뿐 만 아니라 외부인들에게는 익숙하지 않기 때문이다"라고 설명하고 "약어의 사용이 문건을 명료하게 보이게 할 수는 있지만, 오남용은 오히려 완전히 그 반대가 될 수도 있다"며 약어의 오남용에 대한 우려를 표했다(*FederalNewsRadio.com* 2011년 7월18일자).

　의학 관련 약어 역시 사용의 편리성에도 불구하고 군대 약어와 마찬가지로 지나친 오남용이 자주 언급되고 있다. 예컨대 의료진들끼리 오해를 함으로써 의료 사고를 초래할 수 있다는 점이 문제점으로 자주 지적되고 있다. 단어의 잘못된 사용으로 인해 인간의 생명이 위험에 처해지게 되는 문제점 때문에 병원에서는 사용 가능한 의료 약어와 그 의미를 제시하는 등 사용기준을 보다 명확하게 정하려는 노력을 하고 있다고 한다.

　이제까지 언급된 문제점에도 불구하고 약어의 수는 끊임없이 증가하고 있는 것이 사실이다. 무엇보다도 약어의 의미를 올바로 알고 사용하는 것은 현대영어를 올바로 이해하고 효율적인 의사소통에 필수적이라 할 수 있다.

〈그림 2〉 ABA를 약어로 사용하는 단체들의 로고

■ 약어의 역사

약어의 역사는 고전 히브리어와 라틴어뿐만 아니라 수메리아어까지 거슬러 올라간다. 특히 우리에게 잘 알려진 약어 중 많은 단어들은 고대 로마시대 때 사용되었다는 증거도 발견되었다. 당시 돌에 비문을 새길 때 약어를 많이 사용했는데 이는 돌에 많은 글자를 새기기가 어렵기 때문에 약어를 사용하면 그만큼 수고가 덜어지고 공간과 시간을 절약해 주었기 때문으로 추측될 수 있다. 역사상 가장 유명한 약어 가운데 하나는 로마의 많은 공공 기념비에 새겨진 **SPQR (Senatus Populusque Romanus**는 The Senate and People of Rome에 대한 라틴어로 로마의 원로원과 시민을 뜻함)이다. 이 약어는 고대 로마 정부를 지칭했으며 공공 문서, 동전, 공공기물, 기념비에서 자주 발견된다.

〈그림 3〉 로마 기념비에 새겨진 SPQR

기원후 2~3세기 경 초기 기독교인들은 남들이 알지 못하게 하면서도 서로의 정체를 나타내기 위해 ICHTHYS(그리스어 철자는 ΙΧΘΥΣ)를 사용했다. ΙΧΘΥΣ는 그리스어 Ἰησοῦς Χριστός, Θεοῦ Υἱός, Σωτήρ

(Iēsous Christos, Theou Yios, Sōtēr, Jesus Christ, Son of God, Saviour 예수 그리스도, 하느님의 아들, 구원자)의 각 단어의 첫 글자를 모아 놓은 약어로서 그리스어로는 '물고기'를 의미하는 단어의 철자이다. 따라서 물고기는 오늘날에도 일부 기독교인들을 나타내는 상징으로 여전히 사용되기도 한다.

〈그림 4〉 기독교인을 상징하는 물고기 모양

현대영어에서 사용되고 있는 약어들 중 역사가 오래된, 라틴어에 기원을 둔 약어로는 다음과 같은 예들이 있다.

(43) a.m. < ante meridiem (오전)   p.m. < post meridiem (오후)
     BC < before Christ (기원 전)   AD < Anno Domini (기원 후)
     i.e. < id est (that is)(즉)   e.g. < exempli gratia (예를 들어)
     etc. < et cetra (기타 등등)   p.s. < post scriptum (추신)

영어 약어를 본격적으로 사용하기 시작한 것은 20세기 이후의 일이다. 약어의 폭발적 사용은 1차, 2차 양차 세계대전에 의해 촉발되어

> **OK**
>
> 현대영어에서 가장 널리 쓰이고 있는 약어인 Okay는 19세기 초반(1839년 3월 23일 미국 신문인 Boston Morning Post에 처음 사용된 것으로 여겨짐)부터 사용되기 시작했다. OK의 축약 이전의 형태에 대한 논의를 하기 위해 학회가 열릴 정도로 OK의 어원은 논쟁의 대상이었다. 여러 가지 주장과 설이 있는데 그 가운데 가장 개연성이 있는 주장에 따르면 OK는 당시 미국에서 유행하던 all correct가 잘못 표기된 약어라고 한다.

체계적으로 만들어져 널리 사용되었다. 당시 만들어진 약어는 주로 군대 약어였으며 모든 사단과 장교의 직급 뿐 만 아니라 군대 이름, 군대 작전, 무기, 혹은 전쟁과 관련된 많은 사항들이 약어로 표현되었다. 이후로 현재에 이르기까지 군대 관련 약어는 가장 생산적인 약어 가운데 하나가 되었다. 그 예를 보면 다음과 같다.

(44) 군대 약어
    AWOL(Absent Without Official Leave 무단이탈)
    AADC(Arrival Airfield Control Group 도착 비행장 통제단)
    BG(Battle Group 전투군)
    CCP(Casualty Collecting Point 사상자 수집소)
    DF(Defensive Fire 방어포화)
    DTG(Date Time Group 일시군)
    FOO(Forward Observation Officer 전방관측 장교)
    GDP(General Defense Plan 종합방어계획)
    HE(High Explosive 고성능 폭약)
    HVM(Hyper Velocity Missile 초고속 미사일)
    IS(Internal Security 국내안전보장)
    IO(Intelligence Officer 정보장교)
    LO(Liaison Officer 연락장교)
    LSW(Light Support Weapon 경지원화기)
    MBT(Main Battle Tank 주전투용 탱크)
    MP(Military Police 헌병)
    NBC(Nuclear Biological and Chemical 핵 생화학)
    OP(Observation Post 감시초소)
    POW(Prisoner Of War 전쟁포로)
    SA(Standing Army 상비군)
    SSM(Surface to Surface Missile 지대지 미사일)
    WE(War Establishment 전시편제)

2차 세계대전 이후 약어가 더 유행하게 되면서 새로 만들어지는 모든 기관들은 거의 약어 이름을 가지게 되었다. 예를 들어 2차 세계대전 직후 미국의 프랭클린 루즈벨트 대통령(그의 이름 역시 **FDR**(Franklin D. Roosevelt)이라는 약어로 자주 불린다)은 뉴딜 정책의 일환으로 여러 연방 정부 단체 및 조직을 만들었는데 이 단체들 모두 약어 이름을 가지게 되었고 이로 인해 당시 만들어진 단체를 'alphabet agencies'(알파벳 기관) 혹은 'alphabet soup'(알파벳 수프)이라고 부른다. 이들 가운데 일부는 현재까지 남아 있기도 하고, 일부는 없어지거나 다른 조직에 흡수되었는데, 당시 만들어진 조직이나 단체의 예를 보면 다음과 같다.

(45) 루즈벨트의 알파벳 기관(괄호 속 숫자는 해당 조직의 설립연도)
    AAA(Agricultural Adjustment Act, 1933)
    CCC(Civilian Conservation Corps, 1933)
    CCC(Commodity Credit Corporation, 1933)
    DRS(Drought Relief Service, 1935)
    EBA(Emergency Banking Act, 1933)
    FCA(Farm Credit Administration, 1933)
    FDIC(Federal Deposit Insurance Corporation, 1933)
    HOLC(Home Owners Loan Corporation 1933)
    NIRA(National Industrial Recovery Act, 1933)
    PWA(Public Works Administration, 1933)
    RA(Resettlement Administration, 1935)
    SEC(Security and Exchange Commission, 1934)
    TVA(Tennessee Valley Authority, 1933)
    USMC(United States Maritime Commission, 1936)
    WPA(Works Progress Administration, 1935)

21세기에 들어 사회, 경제, 과학, 의학 분야에서의 발전은 엄청난 지식의 증가를 가져왔고, 그 증가된 지식을 효율적으로 축약하여 표현하는 방법으로 약어라는 조어법이 선호되었다. 또한 공간적인 제약을 가진 다양한 SMS(Short Message Systems)에서의 의사소통은 상상할 수 없을 정도의 많은 양의 약어를 만들어냈다. 물론 수적으로 많기도 하지만 다양한 종류의 약어가 만들어진 것도 SMS 약어의 특징이라고 할 수 있다(SMS 약어에 관해서는 6.2에서 더 자세히 설명된다).

> **Q** 우리 일상에서도 영어 약어가 아주 빈번하게 사용되고 있다. 다음 주어진 문장에 사용된 영어 약어는?
>
> 1) 그의 취미는 스쿠버 다이빙입니다.
> 2) 사스와 유사한 신종 바이러스가 발견되었다.
> 3) 이 LTE 핸드폰의 심 카드는 다른 핸드폰에 끼우면 안 됩니다.
> 4) "우리 동네에 혐오시설을 유치해서는 안 된다"는 님비 현상 때문이다.
> 5) 특수 레이저 기계를 사용하여 렌즈를 얇게 깎았다.
>
> **A** 스쿠버(scuba: self-contained underwater breathing apparatus), 사스(sars: severe acute respiratory syndrome), LTE(Long Term Evolution), 심(sim: Subscriber Identification Module 가입자 식별 모듈), 님비(현상)(nimby: not in my back yard), 레이저(laser: light amplification by stimulated emission of radiation)

■ 약어의 철자적 특징

약어는 기존의 다른 어 형성법에 의해 만들어진 신조어들과 달리 철자에서부터 쉽게 구별되는데 이는 축약이전의 단어를 구분하기 위하여 마침표나 대문자를 사용하기 때문이다. 그러나 한 가지의 통일된 표기법을 따르지는 않으며 마침표의 사용 여부, 대소문자의 사용 여부에 따라 다양하게 표기된다는 점에서 약어의 철자는 흥미롭다.

먼저 문장부호 사용에 따른 약어의 철자를 살펴보자.

(46) 약어의 철자: 마침표 삽입 또는 생략 표시여부에 따라
C.E.O.~CEO, F.B.I~FBI, O.K.~OK, P.S.~PS, U.N.~UN,
U.S.A.~USA, N/A, w/o

일반적으로 축약이 일어나면 이를 표시하기 위하여 마침표나 홑따옴표로 표기되는 축약부호를 사용하기도 하고 드물기는 하지만 (46)의 예에서 볼 수 있듯이 슬래시 '/'로 표시하기도 한다. 마침표를 주로 사용하지만 동일한 약어라 할지라도 마침표를 사용하기도 하고 사용하지 않기도 한다. 최근에 들어서는 점차 마침표를 사용하지 않는 약어가 증가하고 있는데, 이는 대문자의 사용으로 약어라는 것이 충분히 표시가 될 수 있으며 마침표는 잉여적인 부호라고 간주되기 때문이다. 한편 이니셜리즘 보다는 애크로님의 경우에 마침표를 덜 사용한다고 한다.

대소문자 사용에 따라 약어의 철자는 다음과 같이 다양한 방법으로 표기될 수 있다.

(47) 약어의 철자: 대소문자 사용 여부에 따라
    a. 대문자만 사용: AIDS, CD, CEO, DOD, NASA, NELS, UNICEF
    b. 첫 글자만 대문자 사용: Aids, Nasa, Nato, Nels, Unicef
    c. 대소문자 혼용: DoD, DoS, LotR, TfL
    d. 소문자 사용: laser, modem, quango, radar, scuba

(47a)의 예처럼 각 단어의 첫 글자를 모두 대문자로 사용한 경우도 있고, (47b)의 예처럼 첫 글자만 대문자로 하고 나머지 글자는 소문자로 표기하기도 한다. 일반적으로 기능어는 약어를 만들 때 첫 글자를

넣지 않은 경향이 있지만 만약 넣을 경우에는 (47c)에 주어진 예들처럼 소문자를 사용하기도 한다. 이렇게 대소문자를 혼용하는 경우는 고유명사인 경우가 많다. 또한 약어가 만들어지고 사용된 지 오래되어 일반 단어화 한 경우는 (47d)의 예처럼 일반 단어처럼 마침표 없이 소문자로 표기된다. 따라서 그 기원을 알지 못하면 (47d)에 있는 단어들이 원래 약어였는지 아닌지 구분하기가 어렵다. 여기에 속한 약어들은 너무 익숙하게 사용되어 각 글자가 어떤 단어를 의미했는지 모르거나, 약어이었는지 모르는 경우가 대부분이다.

현대영어 초기 혹은 그 이전 시기에는 약어를 처음 만들 때 약어라는 것을 나타내기 위해 첫 글자를 모두 대문자로 사용하고 마침표를 쓰는 것이 일반적이었으나 최근에는 여러 가지 방법을 조합하여 사용하는 경향이 크다. (46)~(47)에 주어진 예에서 볼 수 있듯이 동일한 약어가 여러 가지 방법으로 표기되고 있는데, 이는 신문, 방송을 포함한 언론 기관, 출판사 혹은 사용 단체에서 각기 스타일 형식을 정해 매뉴얼로 만들어 놓고 이에 따라 표기하기 때문에 동일한 약어라 할지라도 사용하는 단체의 매뉴얼에 따라 달리 표기된다. 예를 들어 뉴욕 타임즈(New York Times)지의 스타일 매뉴얼은 애크로님의 글자 수에 따라 다르게 표기할 것을 권하고 있는데, NATO처럼 네 글자 이하일 때는 모두 대문자로, 이보다 글자 수가 많은 경우는 Unicef처럼 첫 글자만 대문자를 사용하도록 하고 있다.

 다음의 약어가 포함된 표현의 공통된 특징은 무엇일까?

    ATM machine   EAB bank   IV virus   PIN number
    RAM memory   REA express   SAT test

주어진 표현들은 이미 약어에 포함된 단어가 약어가 아닌 형태로 한 번 더 사

> **A** 용되어 반복되고 있는 경우이다. 축약되기 이전의 형태를 보면 이를 확인할 수 있다.
>
> ATM machine: Automated Teller **Machine** <u>machine</u>
> EAB bank: European American **Bank** <u>bank</u>
> HIV virus: Human Immunodeficiency **Virus** <u>virus</u>
> PIN number: Person Identification **Number** <u>number</u>
> SAT test: Scholastic Achievement **Test** <u>test</u>
> RAM memory: Random-Access **Memory** <u>memory</u>
> REA express: Railway **Express** Agency <u>express</u>
> SAT test: Scholastic Achievement **Test** <u>test</u>

■ 약어의 음성적 특징

앞에서 언급한 것처럼 약어를 어떻게 발음하느냐에 따라서 두 종류, 일반 단어처럼 읽는 애크로님과 약어를 구성하는 철자를 알파벳으로 읽는 이니셜리즘으로 구분한다. 하지만 모든 약어의 발음이 단어읽기와 알파벳읽기 중 한가지로만 분류 되지는 않는다. (48)에서 볼 수 있듯이 약어의 읽기 방법 역시 다양하다.

(48) 약어의 발음
   a. 단어읽기(acronym)
      AIDS, ASCII, NASA, NELS, SARS, SWAT, SOHO, TESOL, WAC, WASP
   b. 알파벳읽기(initialism/alphabetism)
      ABC, BBC, DNA, DOD, FYI, HIV, LSA, NAD, MAT, HIV, SUV, VIP
   c. 단어읽기와 알파벳읽기 모두 가능한 경우
      ASAP[eɪsæp], FAQ[fak] 혹은 [fæk], SAT[sæt], AWOL[ɛwɔl], IRA[aɪrə], PEP[pɛp]

d. 단어읽기와 알파벳읽기의 혼성
CD-Rom, MS-Dos, JPEG(J [pɛg]), IUPAC (I U [pæk])
e. 기타
AAA(triple A, three As), IEEE(I triple E), 3D(three D), NAACP(N double A CP), NCAA(N C double A, N C two A, N C A A)

단어읽기를 하는 애크로님은 일반 영어 단어에서 볼 수 있는 자음과 모음의 음소 배열 규칙을 지키는 음절을 구성하고 있는 경우가 대부분이다. 하지만 다음에 주어진 약어들은 모두 영어의 음소 배열 규칙을 지키지 않음에도 불구하고 단어읽기를 한다.

(49) CSIS[sisɪs], NSERC[ɛnsɪrk], SSHRC[ʃɪrk], WCCFL[wɪkfəl]

이들 단어를 발음할 때는 각 글자가 아니라 마치 하나의 단어처럼 모음을 삽입해서 읽는데 이유는 여러 가지가 있다. 한 가지 예를 들면 WCCFL은 다른 약어들과 달리 약어를 구성하는 철자의 수가 많아 기억하기 어렵기 때문이다. 반면에 겉으로는 자음과 모음이 적절히 배치되어 애크로님처럼 보여도 알파벳읽기를 하는 이니셜리즘이 있는데 (48b)에서 예를 들자면 **DOD, NAD, MAT**가 여기에 해당한다.

물론 단어읽기와 알파벳읽기가 모두 가능한 약어가 있는데 그 예가 (48c)이다. (48c)에 주어진 대부분의 단어들은 어떻게 읽히던 간에 의미의 차이가 없지만, 몇몇 단어들은 의미에 따라서 읽는 방법이 달라질 수도 있다. 예를 들어 **IRA**는 Individual Retirement Account의 의미일 때는 단어읽기와 알파벳읽기가 모두 가능하지만 Irish Republican Army를 의미할 때는 알파벳읽기만 가능하다.

이외에도 (48d)의 CD-Rom 같은 약어의 경우 일부분은 알파벳읽기를 하고 나머지 부분은 단어읽기로 발음하는 두 가지 읽기 방법을 혼합하여 발음한다. (48e)의 예에서 볼 수 있는 동일한 알파벳으로 구성된 약어의 경우 독특한 읽기 방법을 가지고 있다. 예컨대, AAA는 의미에 따라 'triple ey'(American Automobile Association) 혹은 'three eyz' (Amateur Athletic Association)로 발음한다. 미국의 국가대학육상연맹을 지칭하는 NCAA는 N C double A, N C two A, 혹은 N C A A 등 무려 세 방법으로 발음된다.

알파벳읽기를 하는 약어인 이니셜리즘은 주강세(제1강세)가 마지막 글자에 주어지며, 부정관사가 앞에 올 경우 뒤에 오는 단어의 철자가 아니라 발음에 따라서 모음으로 시작하면 an, 자음으로 시작하면 a가 온다.

(50) a CD, a AAA, an NCAA, an MP

■ 약어의 문법적 특징

일반 영어 단어와 마찬가지로 약어 또한 소유격이나 복수형을 만들기 위해 s를 붙인다. 일반적으로 영어 글자를 단독으로 사용하는 경우, 그 복수형에는 'He got all A's.(그는 전 과목에서 A를 받았어)'의 문장에서 볼 수 있듯이 홑따옴표 뒤에 's'를 붙여 복수형을 표시하고 있다. 하지만 약어 복수형의 경우 이와는 달리 약어가 비록 축약 이전 단어들의 알파벳으로 구성되어 있다 할지라도 일반 글자처럼 홑따옴표를 함께 사용하지는 않는다. 오히려 일반 단어처럼 복수형이 아닌 소유격으로 홑따옴표를 s와 함께(즉 's) 사용한다.

(51) 약어의 복수형과 소유격형
　　　복수: MPs, UFOs, CDs, FAQs　　　소유격: MP's, UFO's, CD's

하지만 위의 방법을 따르지 않는 약어가 있는데 page의 약어인 p는 복수를 나타내기 위해 ps라 하지 않고 p를 하나 더 붙여 pp로 쓴다.

또 다른 약어의 문법적 특성으로 약어 앞에 오는 정관사 the의 사용 유무에 대해 살펴보자. 약어는 고유명사를 지칭하는 경우가 많다. 일반적으로 영어의 고유명사는 그 앞에 정관사가 오지 않는다. 하지만 약어는 경우에 따라 정관사를 함께 쓰기도 하고 쓰지 않기도 한다. 할리(Harley 2003)는 약어의 정관사 사용 현황을 살펴 본 후 두 가지 규칙을 찾아내었다. 첫 번째 규칙에 따르면, 약어 가운데 특정 대상을 지시하면서 축약 전 형태가 일반(복합)명사인 경우 축약 전 형태에는 정관사가 반드시 앞에 오지만, 이 형태가 축약된 애크로님에는 정관사 the가 앞에 오지 않는다. 즉, 애크로님은 축약 전 형태와 달리 고유명사 취급을 하여 정관사가 붙지 않게 되는 것이다. 예를 들어 애크로님일 때는 관사 없이 NAFTA(북미자유무역협약)와 NASA(미국우주항공국)로 쓰지만 약어를 풀어서 쓸 경우 the를 붙여 the North American Free Trade Agreement와 the National Aeronautics and Space Administration가 된다.

두 번째 규칙은 축약 전 형태가 특정한 대상을 지시하면서 일반(복합)명사인 이니셜리즘의 경우 축약 전/후 모두 정관사를 붙여 사용한다는 것이다. 이 경우 이니셜리즘은 일반명사로 취급하여 정관사가 앞에 오게 된다. 결국, 축약 전 형태에도, 축약 후 만들어진 이니셜리즘에도 모두 the를 붙이는 것이다. 이니셜리즘 FBI는 약어로 쓰일 때도 the FBI, 축약 전 형태도 the Federal Bureau of Investigation(미국의 연방수사국)이 된다. 예를 더 들면, USA는 the USA와 the United States America(미합중국)로, NYPD는 the NYPD와 the New York City Police Department(뉴욕시 경찰청)로서 축약 전과 축약 후 두 형태 모두에 the를 붙여 사용한다.

하지만 이 두 규칙에도 예외가 존재한다. 첫 번째 규칙 보다는 두 번째 규칙의 예외가 더 많은데, 대학이나 방송국 이름의 이니셜리즘이 여기에 해당한다. 위에서 언급된 이니셜리즘과 달리 다음과 같은 예는 정관사가 앞에 오지 않는다.

(52) 앞에 정관사가 오지 않는 이니셜리즘
　　대학: UCLA, MIT, UNC　　방송국: ABC, CBS, CNN, NBC

지금까지 다루어진 약어와는 달리 축약 전 형태의 단어에도, 혹은 축약으로 만들어진 약어에도 관사를 사용하지 않는 이니셜리즘이 있는데 그 예로 **AA, AI, PETA, AIDS**가 있다.

> (52)에 주어진 방송국은 모두 미국에 기반을 둔 방송국이다. 미국에 기반을 둔 방송국 이름에는 앞에 the가 오지 않는 반면에, 영국의 방송국인 BBC나 캐나다의 방송국 CBC의 경우에는 공식명칭에 the BBC, the CBC와 같이 앞에 the를 사용한다.

■ 백크로님(Backronyms, Bacronyms)

약어의 빈번한 사용은 약어 형성 과정과는 반대로 기존에 존재하는 단어에 맞추어 새로운 축약 이전의 단어들을 조합하는 과정을 의도적으로 만들어내기도 한다. 이렇게 만들어진 구나 단어를 백크로님(backcronyms, backward '뒤로' + acronyms '애크로님'을 합쳐서 만든 단어)이나 reverse acronym(역 애크로님)이라 부른다. 백크로님은 철자에 맞추어서 새로운 뜻을 가진 단어를 만들어내는 독특한 어 형성방법이라고 할 수 있다.

　백크로님은 다양한 이유에서 만들어 진다. 첫 번째 이유는 무엇보다도 약어의 기본적인 특징인 단순함 때문에 만들어진다. 즉 복잡한 것을 보다 단순하게 표현하기 위함이다. 예를 들어 미국 애플 매킨토시의 이전 모델 이름인 LISA는 Local Integrated Software Architecture (로컬 통합 소프트웨어 체제)를 의미하는데, 이 LISA는 애플의 창업자 스티브 잡스의 딸의 이름인 Lisa(리사)에 대한 백크로님이다. 또한 미국의 한 단체에서 dare(과감히 나서다)에 맞춘 백크로님 D.A.R.E(Drug Abuse Resistance Education)를 프로그램 이름으로 사용하고 있다. 약물남용억제교육(Drug Abuse Resistance Education)에 참여하기 위해서는 용기를 내어 과감히 나서야한다(DARE)는 의미를 나타내기 위한 것이다.

〈그림 5〉 백크로님을 단체명으로 혹은 구호로 하는 경우. 본문에 언급된 D.A.R.E.를 백크로님으로 사용하는 프로그램과 미국독서권장 단체에서 사용하는 기존의 단어 dear(친애하는)에 맞춘 백크로님 D.E.A.R. 이 백크로님이 의미하는 바는 Drop Everything And Read! (모든 것을 그만 두고 읽어라)이다.

하지만 백크로님은 점잖지 않은 이유에서 만들어지는 경우도 있다. 사람들을 웃게 만들거나, 누군가를 비웃기 위해 혹은 냉소적으로 표현하기 위해 만들어진다. PICNIC(Problem in Chair Not in Computer, 컴퓨터가 아니라 의자가 문제, 즉 컴퓨터가 아니라 사용자가 문제라는 뜻임)이나, 마크로 소프트사의 검색 엔진인 Bing을 Because It is Not Google (구글이 아니기 때문에)로, 미국 자동차 회사 Ford를 Fix Or Repair Daily(매일 고치거나 정비하라)로 해석하는 경우 등이 여기에 해당한다.

또한 광고성 메일 spam은 'Stupid Pointless Annoying Messages'(어리석고 요점이 없으며 화나게 만드는 메시지)이란 백크로님을 가지고 있는데 이는 spam을 냉소적으로 표현하는 동시에 단어의 의미도 잘 설명해 준다.

제6장

현대영어 철자의 특징 II

6.1 발음대로 철자하기(Pronunciation Spelling)와
    철자로 발음 표기하기(Pronunciation Respelling)

6.2 문자메시지(텍스팅, Texting)

6.3 철자 오류(Misspelling)

6장에서는 현대영어 철자에 영향을 줄 수 있는 또 다른 요소들을 세 가지 방향에서 접근하고자 한다. 먼저 현대영어에서 발음으로 인해 철자가 달라지는 경우를 살펴본다. 음소문자를 가진 철자체계는 이상적인 철자와 발음의 일대일 대응 관계로 만들기 위해 철자대로 발음하거나 혹은 발음대로 철자를 하려는 변화를 할 것으로 예상할 수 있다. 하지만 우리는 이미 2장에서 철자가 인쇄물에 일단 고정된 이후 발음이 철자에 변화를 가져오기는 쉽지 않음을 확인할 수 있었다. 그럼에도 불구하고 변화의 가능성 여부와는 상관없이 발음대로 철자하기(pronunciation spelling)가 현대영어 철자에 영향을 줄 수 있는 요소가 아니라고 부인하거나 무시하기는 어려운 것 같다. 또한 대부분의 기록이 종이로 이루어졌던 과거에 비해 현대 과학 문명의 발전이 가져다 준 컴퓨터를 비롯한 수많은 전자기기들이 기록의 수단으로 사용되는 상황인 만큼 이 매체들이 영어 철자에 어떠한 변화를 가져왔는지 살펴볼 필요가 있다. 마지막으로 많은 사람들이 동일한 패턴의 오류를 반복할 경우 철자에 변화를 가져올 수 있을 것이라는 가능성을 염두에 두고 영어 철자오류의 예들을 살펴보도록 하겠다.

6.1 발음대로 철자하기(Pronunciation Spelling)와 철자로 발음 표기하기(Pronunciation Respelling)

■ 발음대로 철자하기(Pronunciation Spelling)

철자로 인해 발음이 변하는 경우를 spelling pronunciation, 즉 철자대로 발음하기라고 하며, 발음이 철자에 영향을 주어 철자를 바꾸는 경우를 pronunciation spelling, 발음대로 철자하기라고 한다. 음소문자를 사용하는 영어인 경우 철자와 발음은 불가분의 관계에 있다. 따라서 영어의 역사적 변화를 살펴보면 철자대로 발음하기나 발음대로 철자하기의 경우를 쉽게 발견할 수 있으리라 생각되지만 의외로 그 예가 많지 않으며 특히 후자의 예는 발견하기가 더욱 어렵다.

그럼에도 불구하고 이 두 가지의 경우가 특히 우리의 관심을 끄는 이유는 과거 수많은 학자들, 특히 철자개혁을 부르짖던 많은 사람들에 의해 지적되고 인정되었던 것처럼 영어의 치명적인 단점이 바로 철자와 발음 사이에 일대일 대응관계를 갖지 못한다는 사실 때문이다. 앞으로 누군가에 의해 영어 철자와 발음 사이에 조금이라도 거리를 좁히려는 노력을 하게 될 경우 필연적으로 철자대로 발음하기와 발음대로 철자하기의 방법이 고려될 수밖에 없다. 결국 미래의 영어 철자에 변화가 있다면 철자가 발음을 따라가거나 발음이 철자를 따라가는 과정에서 생길 변화임에 틀림없다.

특히 발음대로 철자하기는 철자대로 발음하기와 달리 철자에 직접적인 변화를 가져다준다. 하지만 발음대로 철자하기는 흔히 일어나는 경우가 아니며, 철자대로 발음하기보다 더 드물다. 이는 발음이 바뀌었다할지라도 이미 기존에 인쇄된 철자를 변화된 발음을 반영하는 철자로 모두 다시 바꾸기는 어렵다는 점이 그 이유 가운데 하나일 것이다.

발음대로 철자하기는 몇 가지 유형으로 나눌 수 있는데 하나는 우연히 발음에 가깝게 철자가 잘못 쓰인 경우로 percolate(커피를 거르다) 대신 perculate로 철자를 잘못 쓰는 경우가 있다. 이 경우는 궁극적으로 철자를 바꿀 정도의 수준은 아니므로 잠시 하나의 이형으로 존재하다가 사라지게 된다. 두 번째는 지역 방언에서의 발음을 표기하기 위해 철자를 바꾸어 사용하는 경우이다. spigot(수도꼭지) 대신 spicket으로 쓰는 것은 그 지역의 독특한 발음을 나타내기 위한 것이어서 지역에서 발간하는 인쇄매체에서 발견되기도 한다.

간혹 원래의 철자가 발음과 동떨어져있는 경우, 보다 발음에 가까운 철자로 축약 형태의 단어를 사용하는 경우가 있다. going to나 want to를 gonna와 wanna로 또는 light, right, night, through, though 등의 단어를 각각 lite, rite, nite, thru, tho로 표기하는 경우이다. 이 경우 대부분 공식적인 문서에서는 사용되지 않고 개인적이거나 특수한 효과를 노리기 위한 광고용 혹은 간단한 메모 형식 등의 격식을 차리지 않는 글에서 많이 발견된다. 특히 최근에 들어서 많이 사용되는 문자 메시지 언어인 텍스팅에서도 많이 발견할 수 있다.

일반적으로 영국영어에서는 이러한 축약형태의 철자를 잘못된 형태로 보는 반면 미국영어에서는 정식으로 사전에 등재되어있으면서 다만 대부분의 경우 격식을 차리지 않는 형태로 분류하고 있다. 가령 『미국 헤리티지 사전(The American Heritage Dictionary)』에는 nite가 격식을 차리지 않은(informal) 형태라는 설명과 함께 등재되어있다. 메리엄 웹스터(Merriam Webster)의 온라인 사전에는 night의 이형이라고 설명되어있다.

원래 lite, rite, nite, thru, tho 등의 단어들은 20세기 초에 왕성하게 활동을 했던 철자단순화이사회(Simplified Spelling Board)에서 공식적으로 추천된 철자로 당시 철자단순화 운동에 앞장서고 있었던『시카고 트리뷴』지에서 사용하던 형태들이었다. 오늘날『시카고 트리뷴』을 비롯한 대부분의 신문사들은 과거와 달리 철자단순화 운동을 더 이상 지지하지 않는다는 이유로 발음대로 철자하기 규칙에 입각한 단어들을 사용하고 있지 않다.

다만 예외적인 경우로 두 가지를 들 수 있다. 하나는 light의 발음철자 형태인 <lite>인데 이 경우에는 원래의 의미인 '빛' 또는 '가벼운'이 아니라 '저지방, 혹은 저당분' 식품임을 구분하기 위해 일반적으로 사용되고 있다. 다른 하나는 'through(~을 통하여)'에 대한 발음철자 형태인 <thru>인데 미국 뉴욕 주 공공기관의 이름인 뉴욕 주 도로교통청(New York State Thruway Authority)과 교통안전네트워크시스템(Thruway Regional Advisory Network System)에서 공식적인 명칭의 철자로 사용되고 있다.

이처럼 발음대로 철자하기는 3장에서 이미 살펴보았던 것처럼 철자개혁의 기본적인 전제는 되지만 실제로는 제한된 범위 안에서만 사용되고 있으므로 대중에 의해 용인되기는 힘든 철자변화라고 할 수 있다.

■ **철자로 발음 표기하기(Pronunciation Respelling)**

발음대로 철자하기는 비형식적인 글이나 혹은 광고효과를 높이기 위한 특수 목적 외에는 이미 철자가 안정되어있는 현대영어에서는 잘 사용되지 않고 있는 반면, 현대영어에서 시간이 갈수록 점점 주목을 받고 있는 새로운 철자체계가 등장하고 있어 이를 소개하고자 한다.

THE INTERNATIONAL PHONETIC ALPHABET (revised to 2005)

© 2005 IPA

CONSONANTS (PULMONIC)

	Bilabial	Labiodental	Dental	Alveolar	Postalveolar	Retroflex	Palatal	Velar	Uvular	Pharyngeal	Glottal
Plosive	p b		t d			ʈ ɖ	c ɟ	k g	q ɢ		ʔ
Nasal	m	ɱ	n			ɳ	ɲ	ŋ	ɴ		
Trill	B		r						R		
Tap or Flap		ⱱ	ɾ			ɽ					
Fricative	ɸ β	f v	θ ð	s z	ʃ ʒ	ʂ ʐ	ç ʝ	x ɣ	χ ʁ	ħ ʕ	h ɦ
Lateral fricative			ɬ ɮ								
Approximant		ʋ	ɹ			ɻ	j	ɰ			
Lateral approximant			l			ɭ	ʎ	L			

Where symbols appear in pairs, the one to the right represents a voiced consonant. Shaded areas denote articulations judged impossible.

CONSONANTS (NON-PULMONIC)

Clicks		Voiced implosives		Ejectives	
ʘ	Bilabial	ɓ	Bilabial	ʼ	Examples:
ǀ	Dental	ɗ	Dental/alveolar	pʼ	Bilabial
ǃ	(Post)alveolar	ʄ	Palatal	tʼ	Dental/alveolar
ǂ	Palatoalveolar	ɠ	Velar	kʼ	Velar
ǁ	Alveolar lateral	ʛ	Uvular	sʼ	Alveolar fricative

OTHER SYMBOLS

ʍ Voiceless labial-velar fricative
w Voiced labial-velar approximant
ɥ Voiced labial-palatal approximant
H Voiceless epiglottal fricative
ʕ Voiced epiglottal fricative
ʔ Epiglottal plosive

ɕ ʑ Alveolo-palatal fricatives
ɺ Voiced alveolar lateral flap
ɧ Simultaneous ʃ and x

Affricates and double articulations can be represented by two symbols joined by a tie bar if necessary.

k͡p t͡s

VOWELS

Front   Central   Back
Close   i y — ɨ ʉ — ɯ u
        ɪ Y   ʊ
Close-mid e ø — ɘ ɵ — ɤ o
                 ə
Open-mid ɛ œ — ɜ ɞ — ʌ ɔ
           æ   ɐ
Open   a ɶ — ɑ ɒ

Where symbols appear in pairs, the one to the right represents a rounded vowel.

SUPRASEGMENTALS

ˈ Primary stress
ˌ Secondary stress   ˌfoʊnəˈtɪʃn
ː Long   eː
ˑ Half-long eˑ
˘ Extra-short ĕ
| Minor (foot) group
‖ Major (intonation) group
. Syllable break ɹi.ækt
‿ Linking (absence of a break)

TONES AND WORD ACCENTS
LEVEL   CONTOUR
e̋ or ˥ Extra high   ě or ˩˥ Rising
é ˦ High   ê ˥˩ Falling
ē ˧ Mid   e᷄ ˩˧ High rising
è ˨ Low   e᷅ ˨˦ Low rising
ȅ ˩ Extra low   e᷈ ˧˦˧ Rising-falling
↓ Downstep   ↗ Global rise
↑ Upstep   ↘ Global fall

DIACRITICS Diacritics may be placed above a symbol with a descender, e.g. ŋ̊

̥	Voiceless	n̥ d̥	̤	Breathy voiced	b̤ a̤	̪	Dental	t̪ d̪
̬	Voiced	s̬ t̬	̰	Creaky voiced	b̰ a̰	̺	Apical	t̺ d̺
ʰ	Aspirated	tʰ dʰ	̼	Linguolabial	t̼ d̼	̻	Laminal	t̻ d̻
̹	More rounded	ɔ̹	ʷ	Labialized	tʷ dʷ	̃	Nasalized	ẽ
̜	Less rounded	ɔ̜	ʲ	Palatalized	tʲ dʲ	ⁿ	Nasal release	dⁿ
̟	Advanced	u̟	ˠ	Velarized	tˠ dˠ	ˡ	Lateral release	dˡ
̠	Retracted	e̠	ˤ	Pharyngealized	tˤ dˤ	̚	No audible release	d̚
̈	Centralized	ë	̴	Velarized or pharyngealized	ɫ			
̽	Mid-centralized	ĕ	̝	Raised	e̝ (ɹ̝ = voiced alveolar fricative)			
̩	Syllabic	n̩	̞	Lowered	e̞ (β̞ = voiced bilabial approximant)			
̯	Non-syllabic	e̯	̘	Advanced Tongue Root	e̘			
˞	Rhoticity	ɚ a˞	̙	Retracted Tongue Root	e̙			

〈그림 1〉 국제음성기호(□ 2005 IPA)

일반적으로 소리를 표기하는 부호로 사용되는 것은 우리가 흔히 발음기호라고 부르는 표기체계로 1886년에 설립된 국제음성협회(International Phonetic Association)에서 1889년 처음 만든 국제음성기호(International Phonetic Alphabet)인 IPA(145쪽 참조할 것)이다. 학자에 따라 사용하는 부호의 모습이 약간의 차이를 보이긴 하지만 원칙적으로는 모든 언어에 있는 각각의 소리들을 하나의 특정한 부호로 표기할 수 있다는 점에서 IPA는 그동안 효용성과 표준성을 인정받아 왔다. 특히 미국을 제외한 영국과 유럽 각 지역에서 출간된 사전에서는 대부분 IPA가 쓰이고 있다. 현재 사용되고 있는 IPA는 2005년에 재정비된 것이다.

IPA는 하나의 음에 대해 하나의 기호를 사용한다는 음성언어의 원칙을 그대로 살린 기호체계로 모든 언어에서 발견되는 말소리를 체계적으로 표기할 수 있다는 장점은 있다. 그러나 사용되는 기호의 수가 너무 많고 부호 체계가 너무 복잡하며 새로운 음성기호를 학습해야만 한다는 단점이 있어 일반인들에게 널리 사용되기에는 한계가 있었던 것도 사실이다. 또한 특정한 기호를 컴퓨터 자판에서 찾기가 힘들다는 불편함 때문에 전문적인 음성학 관련 문헌이나 발음을 표기해야하는 사전 외에는 그 사용이 점점 줄어들고 있다. 이 문제점을 극복하기 위한 방법으로 최근에는 기존의 로만 알파벳 철자를 그대로 사용해서 단어의 발음을 표기하기 위한 방법이 사용되고 있는데 이것이 바로 철자로 발음 표기를 하는 방법이다.

현재 시중에 나와 있는 대부분의 사전을 보면 발음을 표기하기 위해 특수기호를 포함하는 국제음성기호를 여전히 사용하고 있지만 최근에 출간된 서적이나 인터넷 웹사이트에서의 발음 표기를 보면 IPA와 함께 기존의 26개 알파벳 기호를 사용하여 발음을 표기하는 경우도 자주 발견할 수 있다. 또한 신문과 같은 인쇄매체나 교재에서도 같은 방법으로 발음을 표기하는 경우를 찾아볼 수 있다. 이를 철자로 발음 표기하기라고 하며 영어로는 pronunciation spelling, 혹은 pronunciation respelling으로 부르고 있다. 여기서는 발음대로 철자하기와 구분하기 위해 철자로 발음 표기하기(pronunciation respelling)로 칭하기로 한다.

철자로 발음 표기하기는 최근에 만들어진 것이 아니라 오히려 IPA보다 오래된 방법으로 IPA가 만들어지기 이전에 사전에서 발음을 표기하기 위해 사용되기 시작했다. 당시에는 발음기호라는 개념이나 표준체계가 정립되지 않은 상태였으므로 기존의 26개 로만 알파벳 글자를 부호와 함께 사용함으로써 모국어 화자들에게 발음을 통한 의미 파악을 보다 쉽게 할 수 있도록 의도한 것이었다. 1755년 근대적 의미에서의 최초의 영어사전을 출간한 사무엘 존슨과 1783년 토마스 셰리단(Thomas Sheridan)이 각 단어의 발음을 표기하기 시작한 이후 많은 사전 필자들이 나름대로의 원칙에 입각한 철자로 발음 표기하기 방법을 사용해온 것으로 알려져 있다.

현재 철자로 발음 표기하기는 신문이나 잡지와 같은 인쇄 매체에서 주로 외국에서 들어온 어휘나 고유명사의 발음을 나타내기 위해 사용되는데, 기존의 로만 알파벳 문자 외에도 강세와 음의 장단을 나타내기 위해 문장부호를 사용하거나 소문자 대문자를 구분해서 쓰기도 한다. 예를 들면, diarrhea는 [dahy-*uh*-**ree**-*uh*] 또는 DYE-uh-REE-a (DYE의 글자크기보다 REE가 큰 것 주목하기)로 표기되는 방식이다.

철자로 발음 표기하기를 좀 더 자세히 살펴보면, 자음과 모음, 각각의 음소들은 가장 대표적인 발음을 나타낼 때의 철자로 표기된다. 가령 음성기호인 [θ], [ʃ], [ŋ]의 음을 표기하는 철자는 여러 가지가 있지만 그 중에서도 가장 대표적인 철자로 간주되는 <th>, <sh>, <ng>로 각각 표기된다. 사실 영어를 배우는 학생들은 음성기호와 철자를 혼동하는 경우가 아주 많은데 그 중에서도 <th>를 발음기호로 사용하는 경우는 아주 빈번하게 발생한다. 이러한 점을 고려할 때 철자로 발음 표기하기는 낯선 음성기호보다 익숙한 형태를 사용함으로써 보다 효과적으로 사용될 수 있다고 하겠다.

구체적인 단어들에 대한 철자로 발음 표기하기의 예를 가장 많이 알려진 BBC 방식을 통해 알아보도록 하자. 다음은 각각의 철자가 나타내는 발음을 해당 발음을 가진 단어의 예로 설명하고 있다. 음절경계는 - (하이픈)으로 표시되며 강세가 있는 음절은 대문자로 표기된다.

- BBC 발음 표기 방식

모음

a: *cat*의 모음
aa: *calm*의 모음
air: *hair*의 모음과 자음
ar: *bar*의 자음
aw: *law*의 모음
ay: *say*의 모음
e: *bed*의 모음
ee: *meet*의 모음
eer: *beer*의 모음과 자음
i: *pin*의 모음
igh: *high*의 모음과 자음
o: *top*의 모음
oh: *most*의 모음
oo: *soon*의 모음

oor: *poor*의 모음과 자음
or: *corn*의 모음과 자음
ow: *cow*의 모음
oy: *boy*의 모음
u: *cup*의 모음
uh: *along* (schwa)의 모음
ur: *her*의 모음과 자음
uu: *book*의 모음
y: *cry*의 모음 (=igh)
oe: French *peu* 또는 *coeur*의 모음
oey: French *fauteuil*의 모음
ue: French *vu* 또는 German *fünf*의 모음

(ng) 프랑스어와 마찬가지로 모음 다음에 나오는 경우 비음을 나타냄
예: *un bon vin blanc*: oe(ng) bo(ng) va(ng) blah(ng).

자음

- b: *bat*의 초성 자음
- ch/tch: *chin*의 초성 자음
- d: *day*의 초성 자음
- f: *fat*의 초성 자음
- g: *get*의 초성 자음
- h: *hat*의 초성 자음
- hl: Welsh *llan*의 초성 자음
- j: *jam*의 초성 자음
- k: *king*의 초성 자음
- kh: Scottish *loch*/German *ich*의 종성자음
- l: *leg*의 초성 자음
- m: *man*의 초성 자음
- n: *not*의 초성 자음
- ng: *sing*의 종성 자음
- ng-g: *finger*의 종성 자음
- nk: *thank*의 종성 자음
- p: *pen*의 초성 자음
- r: *red*의 초성 자음
- s: *sit*의 초성 자음
- sh: *shop*의 초성 자음
- t: *top*의 초성 자음
- th: *thin*의 초성 자음
- dh: *this*의 초성 자음
- v: *van*의 초성 자음
- w: *wil*의 초성 자음
- y: *yes*의 초성 자음
- z: *zebra*의 초성 자음
- zh: *vision*의 어중 자음

위에 주어진 발음표기 원칙에 따라 발음표기를 하면, 예를 들어 *pronunciation*은 [pruh-nun-see-AY-shuhn]으로, university는 [yoo-nuh-VUR-si-tee]로 표기된다. BBC 방식으로 발음을 표기하는 경우 한 가지 특이한 사항은 어말이나 혹은 자음 앞에 오는 /r/을 그대로 표기하고 있다는 점이다. 따라서 *Parker*는 영국의 표준발음이라고 볼 수 있는 용인발음(RP)이 /r/을 발음하지 않는 것과는 달리 기본적인 표기는 [**pah**-kuh]이 아니라 [**par**-kuhr]로 표기되며 다만 지역적인 특성에 따라 /r/의 발음 유무가 결정된다고 한다.

영어학습자들의 경우에는 새로운 단어를 학습할 때 기존의 알파벳 글자를 사용하여 발음을 표기할 수 있다면 보다 효과적으로 발음에 대한 정보를 쉽게 얻을 수 있을지도 모른다. 그러나 부정적인 측면도

있는데 철자로 발음을 표기하는 경우 정확한 발음을 알기 위해서는 영어에서의 기본적인 철자와 발음의 대응관계를 먼저 알고 있어야 한다는 점이다. 반면에 철자로 발음을 표기한다는 원칙은 긍정적으로 활용할 수도 있는데, 영어권이 아닌 경우 로만 알파벳이 아닌 다른 표기 방법으로 발음을 표기할 수도 있다. 가령 음성문자 체계를 사용하는 한국어의 경우 대부분의 소리를 한글이라는 글자 체계를 사용해서 효과적으로 표기할 수 있다는 장점이 있다. 그러나 한국어에는 없는 소리인 /f/, /θ/, /ð/ 등의 마찰음이나 반전음 /r/을 표기하는 데는 한계가 있는 것도 사실이다. 한편, 한국어를 영어로 표기할 때는 기본적으로 로마자를 사용하게 되므로 영어의 발음과는 다른 경우가 발생해서

사전의 발음 표기방법

사전에서 발음을 표기하는 방법은 크게 두 가지로 나뉜다. 기존의 철자로 표기하거나 혹은 음성기호로 표기한다. 문제는 모든 사전들이 저마다의 음성기호로 발음을 표기하고 있다는 사실이다. 실제로 Wikipedia (http://en.wikipedia.org/wiki/Pronunciation_respelling_for_English)에 들어가 보면 음성기호에는 IPA, APA(Americanist phonetic notation), WPRK (Wikipedia Pronunciation Respelling Key), NOAD (New Oxford American Dictionary), AHD (American Heritage Dictionary of the English Language), RHD (Random House Dictionary of the English Language) 등 무려 23가지의 서로 다른 발음 표기 방법이 사용되고 있음을 보여주고 있다. 23가지에는 종이사전과 인터넷 사전을 위한 발음 표기 방법도 있지만 방송국에서 독자적으로 사용되는 표기 방법도 포함되어있다. 여기에다 크고 작은 사전이나 출판사, 방송국에서의 표기체계까지 포함한다면 이보다 더 많을 수도 있다. 이처럼 너무나 다양한 표기법의 사용으로 인해 영어를 학습해야만 하는 비모국어 화자에게는 어떤 발음이 표준인지를 알기도 힘들거니와 표기되어있다고 해서 해당 부호를 어떻게 해석해야하는지, 즉 어떻게 발음하게 되는지 조차 혼란스러울 때가 많다. 철자개혁과 함께 발음 표기 방법에 대한 표준화도 가까운 미래에는 실현 불가능한 일일까? 현 상황에서 우리가 할 수 있는 일은 각각의 사전을 찾아볼 때 편집자의 발음표기 방법에 대한 설명을 반드시 확인하는 방법뿐일지도 모른다.

혼란을 일으키는 경우도 있게 된다.

사실 이 모든 문제들은 문자언어와 소리언어의 차이로 인한 철자체계의 한계점이라고 할 수 있다. 아마도 영어에서의 철자와 발음의 격차를 줄이기 위한 철자개혁이 불가능하다면 대체방안으로 철자는 그대로 두고 발음에 대한 표기방법을 병기하되 음성기호가 아닌, 앞에서 설명한 철자로 발음 표기하기, 즉 기존의 알파벳을 사용하여 발음을 표기하는 방법을 사용할 수 있을 것이다.

6.2 문자메시지(텍스팅, Texting)

20세기 후반 이후 현대인들의 일상생활에 가장 필수적인 필기도구는 종이가 아니라 컴퓨터가 되었다. 21세기 현재, 가장 많은 대화 또는 의사소통은 음성통신이 아닌 문자통신을 통해 이루어지고 있다고 해도 과언이 아니다. 따라서 최근에는 문자메시지, 영어로는 텍스팅(texting)이라고 부르는 독특한 필기 체계가 모국어화자들뿐만 아니라 영어를 사용하는 모든 사람들의 특별한 관심을 끌고 있다. 여기서는 영어 화자들이 사용하는 문자메시지의 철자 특징을 알아보기로 한다.

■ 문자메시지의 일반적 특징

다음의 글을 읽어보자.

a txt msg pom
his is r bunsn brnr b1%
his hair lyk fe filings
W/ac/dc going thru
i sit by him in kemistry

it splits my !oms
wen he :-)s @me

(출처: Crystal 2008a)

첫 줄에 나와 있는 것처럼 이 글은 휴대전화에서 사용하는 문자메시지를 사용한 시이다. 기존의 철자로 풀어 써 보면 다음과 같은 시가 된다.

A text message poem
His eyes are bunsen burner blue,
His hair like iron filings,
With ac/dc going through.
I sit by him in chemistry.
It splits my atoms,
When he smiles at me.

문자메시지 시
그의 눈은 분젠식 버너에서 나오는 불꽃같은 파란색,
그의 머릿결은 쇠 줄밥처럼,
전류가 흐르듯 이끌리네.
내 몸은 화학반응을 일으키며 그 사람 옆으로 끌려가 앉는다.
그가 나를 보며 미소 지으면
그의 미소는 내 원자를 모두 쪼개 놓는다.

문자메시지 경연대회에서 우승한 바 있는 이 시를 문자메시지 원문 그대로 이해할 수 있다고 답 한다면 그 사람의 나이나 성격적인 특성까지도 짐작할 수 있을지 모른다. 아마도 젊은 사람이고 편리성을 추구하는 사람이며 휴대전화에서 음성통화보다 문자메시지를 더 많이 사용하고 있을 것이다.

실제로 요즘의 현대인들은 편리성 때문에 집 안에 있는 내선전화보다는 휴대전화를 거의 스물 네 시간 사용하고 있다. 게다가 스마트폰의 출현으로 손쉽게 인터넷을 검색하고 소셜 네트워크 시스템(SNS)에 접속할 수 있게 되면서 이제 휴대전화는 사용인구나 사용시간에 있어서 시간이 갈수록 그 활용도가 계속 증가할 추세이다.

이처럼 전 세계적으로 휴대전화 사용량이 늘어가면서 휴대전화에서 상대방에게 의사전달을 하는 방법 중 음성통화가 아닌 문자메시지를 이용한 통화, 즉 텍스팅(texting) 또한 그 비중이 오히려 늘어가고 있다. 문자메시지는 송신할 수 있는 용량에 제한을 받으므로 가장 적은 수의 문자와 가장 적은 노력으로 가장 효과적인 의사소통을 목적으로 하는 통신 방법이다.

특히 이전에는 젊은 세대나 혹은 디지털 기기를 자유롭게 다룰 수 있는 사람만이 문자메시지를 사용했던 반면 지금은 나이 성별을 불문하고 보편적으로 사용되고 있다(물론 최근 사회언어학 연구에 따르면 나이, 성별에 따라 문자메시지 내용에 있어 서로 다른 특성을 보여주고 있다고 한다). 이런 추세와 더불어 문자메시지에 대한 사람들의 생각도 달라지고 있다. 몇 년 전만 해도 문자메시지는 간결함과 편리함만을 추구하는 젊은 사람들의 잘못된 언어이며 오류가 너무 많으므로 절대로 사용해서는 안 되는 문자언어라면서 고개를 내젓던 사람들도 결국은 그 편리성과 효율성에 매료되어 전보다는 훨씬 더 많이, 그리고 자주 문자메시지를 사용하고 있다고 해도 과언이 아니다.

일반적으로 말을 글로 옮기는 두 가지 방법을 우선 떠올릴 수 있는데 하나는 타이프라이터나 컴퓨터 자판을 이용해서 빠르게 기록을 하는 방법이고, 다른 하나는 보다 전문적인 기호를 사용하는 속기 방법이다. 두 가지 모두 한계점이 있다. 자판을 치는 속도는 말의 속도를 따라가지 못하며, 속기는 기호를 알아야하기 때문에 일반인들이 쉽게 접근할 수 없다.

최초의 문자메시지는 어떤 것일까?

최초의 문자는 1992년 12월 3일, 영국의 통신회사인 보다폰(Vodafone)에서 일하던 닐 펩워스(Neil Papworth)가 동료에게 "메리 크리스마스(Merry Christmas)"라는 성탄 축하 인사를 보낸 것이었다. 이후 SMS(Short Message Service 단문메세지서비스)가 본격적으로 상용화된 것은 1995년이었고 이제는 기하급수적으로 그 사용량이 늘고 있다. 영국에서의 자료를 보면 1999년에는 연 10억 회였지만 2006년에는 410억 회의 메시지가 발신/수신되었다. 최근 우리나라에서도 문자메시지가 음성통화량을 추월했다는 보도가 나오기 시작하고 있다.

개인을 식별할 수 있는 문자메시지

미국 드라마 중에 "원초적인(Elementary)"라는 시리즈물을 보면 셜록 홈스(Sherlock Holmes)라는 사설탐정이 매회 주어진 사건을 해결하는 내용으로 구성된다. 그 중 한 에피소드를 보면 홈스의 친구인 왓슨은 홈스에게 온 문자 메시지를 읽고 그것이 홈스가 직접 보낸 것이 아닌 홈스의 납치범이 보내온 것임을 알아차리고, 위기에 처한 홈스를 구해내고 결국 범인을 체포하는 장면이 나오는데 그것은 왓슨이 홈스의 문자메시지의 특징을 알고 있었기 때문이었다. 이처럼 문자메시지는 시간과 공간을 절약하기 위한 목적뿐만 아니라 대화를 나누는 당사자들 서로를 식별할 수 있는 역할도 한다.

반면, 문자메시지는 모두가 즐길 수 있는 방법으로 말을 그대로 글로 옮긴다는 데 큰 매력이 있다. 따라서 문자메시지를 '손가락으로 하는 말(fingered speech)'이라고 표현하는 사람들도 있다. 이처럼 문자메시지는 마치 사진을 보듯 평상시의 대화를 손가락을 사용하여 그대로 글로 옮기게 되므로 짧고 간결하되 보다 생생하게 표현된다는 특징이 있다.

물론 단점도 있다. 앞에서도 언급한 것처럼 문자메시지는 송신할 수 있는 용량에 제한을 받으므로 한정된 수의 문자를 사용하게 된다. 문자를 받는 사람들의 관심을 끌고 흥미를 더하기 위해, 독창적인 방법으로 단어를 줄이거나 합치거나 혹은 숫자나 부호를 단어 대신으로 사용하며 대문자와 소문자를 구별하지 않는 등 사용되는 어휘나 철자가 기존과는 많이 다르므로 문법적인 관점에서는 오류투성이라고 볼 수 있다. 또한 이미 알고 있는 내용은 생략되는 경우가 많으므로 문맥을 알고 있지 못하면 그 내용을 이해할 수 없는 경우도 생긴다. 게다가 영어를 비롯한 다른 언어로 되어있는 텍스팅의 경우 비모국어화자가 이해하기는 더욱 쉽지 않다.

문자메시지는 기적과도 같은 언어일까?

문자메시지에 대한 긍정적인 인식이 높아지면서 오히려 문자메시지를 기적과도 같은 언어라고 표현한 사람도 있다. 미국의 언어학자 맥워터(McWhorter)는 텍스팅에 대한 강연(출처: http://www.ted.com/talks/john_mcwhorter_txtng_is_killing_language_jk.html)을 통해 과거부터 현재에 이르기까지 어쩔 수 없이 존재하는, 형식적인 문어체와 비형식적인 구어체 언어 사이의 차이를 기적적으로 좁힌 결과가 바로 일상대화를 그대로 문자로 표기한 텍스팅이라고 주장한다. 문자메시지, 즉 텍스팅을 문자언어의 한 종류로만 볼 것이 아니라 우리가 일상적으로 하는 말을 그대로 글로 표기한 것으로 봐야한다는 것이다. 따라서 형식적으로 쓰는 글보다 훨씬 더 힘이 넘치고 느슨하여 여유가 있으며 마치 전보문을 보는 듯 간결하여 글쓰기의 편리함과 효율성을 높여주는 기적과도 같은 언어라고 말한다.

문자메시지에 대한 우리의 견해가 긍정적이든 부정적이든 간에 상관없이 문자메시지는 시간이 갈수록 많이 사용되고 있는 것은 사실이다. 특히 스마트폰의 출현과 더불어 페이스북이나 트위터 등의 소셜 네트워크 시스템 사용이 보편화되면서 문자메시지가 사람들 사이의 의사소통에서 차지하는 비율은 더 늘어날 것으로 전망된다.

■ **문자메시지의 글쓰기 방법**

영어의 철자체계에서 가장 기본적이라고 볼 수 있는 대문자/소문자의 구분과 문장부호의 사용이 문자메시지에서는 작성자의 의도나 성향에 따라 무시되거나 부분적으로 생략된다. 이는 대문자와 소문자를 구분하지 않고 마침표나 쉼표와 같은 문장부호를 생략하면 문자메시지 작성시간이 훨씬 단축될 수 있기 때문이다(물론 최근에 많이 사용되는 스마트폰의 자판은 이전의 휴대전화에서보다 훨씬 더 간편하게 대문자와 소문자를 바꿀 수가 있고 문장부호를 사용하는 것이 가능하므로 최근 대문자나 문장부호를 제대로 사용하는 경우가 이전보다 더 늘었다는 상황은 염두에 두어야할 것이다).

문자메시지에 쓰이는 어 형성 방법 및 그 방법이 기존의 영어 철자와 어떻게 다른지 구체적으로 알아보자. 다음에 나오는 내용은 크리스털(Crystal 2008a)의 내용을 주로 참고하였으며 예를 든 단어들은 크리스털과 참고문헌에 나와 있는 여러 인터넷 웹사이트에서 가져온 것이다. 또한 자르기나 첫 글자 모아쓰기처럼 이미 앞에서 설명이 된 방법이 다시 사용된 경우도 있다.

- 로고그램(logogram)

로고그램(logogram) 또는 로고그래프(logograph)는 하나의 숫자나 문자, 또는 부호가 같은 발음을 가진 단어를 의미하는 방법이다.

 (1) 부호 한 개를 사용한 로고그램
  b 'be'(이다) 2 'to' (~로) @ 'at'(~에) x 'kiss'(키스)
  ! 'I have a comment'(할 말이 있어요)

로고그램은 하나만 사용될 수도 있지만 두 개 이상이 합쳐져서 사용될 수도 있다.

  (2) 부호 두 개 이상을 사용한 로고그램
      b4 'before'(전에)   @oms 'atoms'(원자)
      2day 'today'(오늘)   4ever 'forever'(영원히)
      2U2 'To you too'(당신에게도) xxx 'kisses'(키스들)
      zzz 'sleeping'(잠자고 있다)   *$ 'Starbucks'(스타벅스 커피점)

또한 이모티콘을 사용하기도 하는데 기존의 부호를 함께 활용하기도 한다.

  (3) 이모티콘을 함께 사용한 로고그램
      :-) 'smile'(미소)   ;-) 'wink'(윙크)
      :-@) 'screaming'(소리 지르기) @(---'---'---) 'rose'(장미꽃, 사랑)
      (*o*) 'surprised'(놀람)   (^_^) 'cute'(귀여움)

로고그램이라는 점에서 접근해보면 문자메시지는 이집트문자에서 전해오는 리버스(rebus: 수수께끼 그림)의 원리와 어느 정도 비슷한 점이 있기도 하다.

리버스(Rebus)란 무엇일까?

리버스는 고대 이집트의 상형문자에서부터 사용된 것으로 그림과 문자를 사용한 일종의 그림퍼즐이다. 라틴어로는 'by things'(물건으로)라는 뜻의 단어인데, 리버스를 사용한 문장에서는 단어나 단어의 일부분 대신 그림을 그려 넣는다. 가장 단순한 리버스에서는 단어 대신 그림을 사용하지만 조금 어려워지면 보이는 모양을 그대로 뜻하는 방식이 아니라 발음이 나는 대로 단어의 뜻을 전달하는 방식을 쓰게 된다. 리버스는 글을 읽지 못하는 사람이 많았던 중세시기에도 많이 쓰였으며 특히 레오나르도 다빈치는 한동안 리버스의 매력에 빠져서 자신의 그림 안에 리버스를 그려 넣기도 했다. 『이상한 나라의 앨리스』를 쓴 루이스 캐럴도 리버스로 쓴 편지를 보내는 것을 아주 좋아했다고 한다.
다음 리버스가 무엇을 의미하는지 알아보자.

(출처: http://www.mirkovelimirovic.com/x/2013/02/08/this-is-a-fascinating-test-of-x/)

주어진 리버스가 의미하는 바는 to be or not to be.이다. 이렇게 그림과 부호, 그리고 발음이 다 뒤섞여 있는 리버스는 과거에도 그래왔듯이 현재도 많은 사람들이 사용하고 있다. 이는 한 개인이 상상력을 발휘하고 그 상상력의 실체를 다른 사람과 공유하고 싶다는 희망 혹은 공유하지 못했을 때 느낄 수 있을지도 모르는 쾌감 때문은 아닐까?

- 첫 글자 모아쓰기

문자메시지에서는 무엇보다도 공간과 시간의 절약이 관건이다. 따라서 각 단어의 첫 글자 모아쓰기가 쓰인다. 첫 글자 모아쓰기, 즉 약어는 고유명사뿐만 아니라 명사 혹은 부사나 전치사 등의 단어, 또는 복합어나 구문의 경우에도 쓰인다.

(4) 첫 글자 모아쓰기 1
    N 'no'   G 'grin'(활짝 웃다)

Q 'queue'(줄)   W 'with'
Y 'yes'   GF 'girlfriend'(여자친구)
DL 'download'(다운로드)   W/E 'weekend'(주말)
AML 'all my love'(내 모든 사랑)
ASAP 'as soon as possible'(되도록 빨리)
CWOT 'complete waste of time'(완전히 시간만 버림)
FTF 'face to face'(얼굴을 맞대어)
FYI 'for your information'(도움이 되는 정보를 주자면)
NP 'no problem'(문제없음)

문장이나 감탄/탄식구문도 있다.

(5) 첫 글자 모아쓰기 2
    AB 'Ah bless!'(어머나! - 놀람, 감탄)
    CMB 'Call me back'(나중에 전화 부탁)
    DK 'Don't know'(모름)
    JK 'Just kidding'(농담임)
    MMYT 'Mail me your thoughts'(의견을 메일로 보내주세요.)
    OMG 'Oh my God!'(어머나! - 놀람, 감탄)
    SWDYT 'So what do you think?'(어떻게 생각해요?)
    YYSSW 'Yeah, yeah, sure, sure, whatever!'(그래, 그래!)

또한 다음의 예들은 기본적인 첫 글자 모아쓰기를 사용하면 하나의 단어가 수많은 이형들을 만들어 낼 수 있음을 보여준다.

(6) 첫 글자 모아쓰기 3
    IMO 'in my opinion'(내 생각에는)
    IMCO 'in my considered opinion'(내가 숙고한 바로는)

IMHBCO 'in my humble but correct opinion'
(나의 겸손한 그러나 옳은 의견으로는)
IMNSHO 'in my not so humble opinion'
(그리 겸손하지 않은 나의 의견으로는)

첫 글자 모아쓰기의 경우 이미 오랜 시간동안 사용되어온 방법이므로 많은 사람들이 그 뜻을 잘 알고 있는 경우도 있지만 간혹 문자를 보내는 사람과 받는 사람 사이에서만 통하는 것일 수도 있다. 여기서 볼 수 있는 문자메시지의 또 하나의 특성은 각 개인마다 혹은 각 그룹마다 공유하는 특정한 어휘가 있거나, 혹은 일반 어휘지만 특정한 의미가 있을 수 있다는 것이다. 다만, 무엇보다도 기본적으로 전제가 되어야할 것은 문자를 주고받는 사람들의 상호이해라고 할 수 있다.

● 자르기

문자메시지에는 첫 글자 모아쓰기처럼 하나의 글자만 사용되지 않고, 단어의 길이를 짧게 하기 위해 자르기(clipping)나 짧게쓰기(shortening) 등 다양한 방법이 사용된다. 5장에서 이미 설명된 자르기의 방법이 문자메시지에서도 활발하게 사용되어, 뒷부분을 잘라내어 앞부분만을 사용하는 경우, 반대로 앞부분을 잘라내어 뒷부분만을 사용하는 경우도 있고 앞 뒤 부분을 다 잘라내어 가운데 부분만을 사용하는 경우 등이 다양하게 발견 된다.

(7) 자르기 1
  bro(ther 형)   hol(idays 휴일들)
  gran(dmother 할머니)   flu(influenza 인플루엔자)

fridge(refrigerator 냉장고)   tec(detective 형사)
uni(versity 대학교)

단어 속의 모음이나 자음의 몇몇 글자를 없애거나 혹은 시제나 수를 나타내는 굴절어미를 없애는 등의 방법도 사용된다.

(8) 자르기 2
    brnr < burner(버너)　　　　clk < clerk(사무원)
    comin < coming(오고 있는)　englis < english(영어)
    getn < getting(진행되는)　　messin < messing(혼란스러운)
    msg < message(메시지)　　　plsed < pleased(기쁜)
    spt < seaport(항구)　　　　rite < write(쓰다)
    rly < railway(철로)　　　　txtin < texting(텍스팅)
    xlnt < excellent(우수한)

여기서 한 가지 염두에 둘 점은 문자메시지에서의 절단은 일반적인 글쓰기에서보다 훨씬 범위가 넓으며 다양하다는 것이다. 기존의 자르기보다 철자를 더 많이 잘라내어 사용하는 경우도 있는데 이는 최대한 공간을 줄이고자 하는 의도가 엿보이는 특징이라고 할 수 있다. 일반적으로 쓰이는 절단이 아니어도 문자를 보내는 사람과 문자를 받는 사람이 서로 이해할 수 있다는 전제만 있다면 얼마든지 단어를 마음대로 줄여서 쓸 수 있기 때문이다.

● 기타의 방법

웹사이트에 올라와있는 문자메시지 단어들을 보면 지금까지 살펴본 방법 외에도 다양한 방법들이 사용되고 있음을 알 수 있다. 특히 숫자를 사용한 메시지들이 많은데 앞에서 설명한 로고그램과는 조금 다르다. 발음이 비슷한 숫자를 문자 대신 사용하는 로고그램과는 달리 특정한 숫자에 의미를 부여하여 사용한다. 그러나 숫자를 이용한 단어의 뜻이 얼마나 많은 사람들에게 이해가 되며 또한 사용이 되고 있는지는 알 수 없다. 아마도 특정 나이나 특정 지역의 소수 사람들이 사용하는 은어와 같은 수준이라고 볼 수 있다. 몇 가지 예를 들어보면 다음과 같다.

(9) 숫자를 사용한 문자메시지
143 'I love you'(당신을 사랑해요)
1432 'I love you too'(나도 당신을 사랑해요)
182 'I hate you'(당신을 증오해요)
303 'Mom'(엄마)
404 'I haven't a clue'(전혀 알 수 없어요.)
411 'information'(정보)
88 'hugs and kisses'(포옹과 키스)
9 'Parent is watching'(부모님이 보고 있어요.)
99 'Parent is no longer watching'(이젠 부모님이 보고 있지 않아요.)
(출처: http://www.netlingo.com/acronyms.php)

지금까지 문자메시지에서 볼 수 있는 몇 가지 어 형성 방법들을 살펴보았다. 각 항목마다 들은 예에서 볼 수 있듯이 문자메시지에 사용되는 어 형성 방법은 아주 불규칙하며 개인적인 반면에 기존의 어 형성 방법보다 훨씬 더 다양하고 독창적이다. 하나의 단어에 하나의 방법이 아닌 다양한 방법들, 즉 로고그램/자르기/짧게쓰기가 사용될 수도 있다. 크리스털(2008)은 tonight(오늘밤)이라는 단어가 문자메시지에 사용될 때 나타나는 철자의 형태는 다음의 예를 비롯해서 무려 열두 가지가 넘는 서로 다른 이형들을 발견했다고 말하고 실제로는 이보다 더 많은 형태가 사용되고 있을 거라는 추측도 덧붙이고 있다.

(10) 다양한 형태의 tonight
   tnight, tonyt, tonite, tonit, 2nt, 2night, 2nyt, 2nite

전자매체를 활용한 의사소통의 기회가 늘어나면서 학자들의 문자 메시지에 대한 연구 또한 늘어나고 있다. 태그리아몬트와 데니스 (Tagliamonte & Denis 2008:12)의 연구에 따르면 텍스팅에서 가장 빈번하게 사용되고 있는 상위 단어들을 다음과 같다.

〈표 1〉 텍스팅의 어휘빈도

텍스팅	의미	단어 수	빈도(%)
haha	'laughing'(웃음소리)	16,183	1.47
lol	'laugh out loud'(크게 웃음)	4,506	0.41
hehe	'laughing'(웃음소리)	2,050	0.19
omg	'oh my God' (어머나. 놀람, 감탄)	1,261	0.11
hmm	'thinking'(생각하는 중)	1.38	0.09
brb	'be right back'(곧 돌아올 게요)	390	0.04
ttyl	'talk to you later'(나중에 얘기해요)	298	0.03
btw	'by the way'(그런데)	249	0.02
wtf	'what the fuck'(도대체-욕설)	218	0.02
arg	'frustration'(좌절, 절망)	197	0.02
hwk	'homework'(숙제)	99	0.01
nvm	'nevermind'(신경 쓰지 마)	78	0.01
gtg	'got to go'(가봐야 해)	68	0.01

np	'no problem'(문제없음)	65	0.01
lmao	'laugh my ass off'(웃기지 마)	63	0.01
nm	'not much'(별로)	32	0.00
Subtotal		26,795	2.44

*이 도표는 토론토대학에서 수집된 자료에 근거한 것으로 2004년부터 2006년까지 3년에 걸쳐 17세에서 20세 사이의 청소년들 71명(남 30명, 여 41명)의 문자에서 사용된 단어들이다.

이 표를 통해 알 수 있는 것은, 스마트폰이 지금처럼 빈번하게 사용되고 있지 않았던 상황에서 자판을 바꾸는 등의 번거로움을 초래하지 않기 위해 이모티콘보다는 짧게쓰기, 자르기 그리고 첫 글자 모아쓰기를 더 많이 사용하고 있다는 점이다.

■ 문자메시지의 진화

문자메시지는 이 세상에 나온 지 20년 밖에 되지 않았음에도 불구하고 단순히 새로운 어휘와 철자를 만들어 내는 것에 머물지 않고 그 의미 및 기능에 있어서도 변화를 가져오는 등 발전과 변신을 거듭하고 있다. 최근에 사용되는 문자메시지 어휘 중 흥미로운 것은 lol이다. lol의 의미를 '크게 웃음(laughing out loud)'이라고 정의하고 있지만 다음에서 친구 사이에 문자메시지가 서로 오가는 내용을 보면 lol이 자주 쓰이고 있지만 반드시 크게 웃는다는 뜻으로 사용되고 있는 것이 아니라는 것을 알 수 있다.

(11) 최근 문자메시지의 예
   Susan: I love the font you're using, btw*
   (근데, 네가 쓰는 글자모양 참 좋아.   btw*=by the way)
   Julie: lol thanks gmail is being slow right now

(아, 고마워, 지금 g-메일 보내는 속도가 느리네)
Susan: lol, I know(아, 나도 알아)
Julie: I just sent you an email(지금 막 메일 보냈어)
Susan: lol, I see it(아, 지금 보인다.)
Julie: So what's up?(그래 뭐해?)
Susan: lol, I have to write a 10 page paper
(에고, 10쪽 짜리 논문을 써야 해.)
(출처: http://www.ted.com/talks/john_mcwhorter_txtng_is_killing_language_jk.html)

일곱 번의 문자메시지가 오가는 동안 lol은 무려 4회 사용이 되고 있다. 여기서 사용된 lol의 뜻은 크게 웃는다는 의미보다는 강조를 하는 표지 또는 상대방의 의견을 받아들인다는 표지로 볼 수 있다.

문자메시지에 사용되는 어휘의 의미가 변화하는 경우도 있지만 새로운 기능을 하는 어휘를 만들어내는 경우도 언어학자들에 의해 발견되고 있다. 다음의 문자메시지의 밑줄 친 'Slash(부호 /의 이름을 철자 그대로 표기함)'의 의미는 무엇일까?

(12) Slash의 사용
   Sally: So I need to find people to chill with
      (그래서 날 좀 오싹하게 만들 사람들을 찾아야 해)
   Jake: Haha so you're going by yourself? Why?
      (하하, 그래서 혼자 갈 거야? 왜?)
   Sally: For this summer program at NYU
      (뉴욕대학교에서 여름 프로그램을 하거든)
   Jake: Haha. **Slash** I'm watching this video with sons players trying to shoot with one eye
      (하하, 그런데 말이야. 지금 아들들이랑 비디오를 보고 있는

데 선수들이 한쪽 눈만으로 총을 쏘려고 애를 쓰고 있네)
(출처: http://www.ted.com/talks/john_mcwhorter_txtng_is_killing_language_jk.html)

예문에서 Slash는 단순히 부호를 넣기가 힘들어서 철자로 표기한 것은 아니다. 여기서의 Slash는 부호라기보다는 대화의 주제를 바꾸기 위한 혹은 전의 대화 내용과는 다른 주제를 꺼내기 위한 표지로 사용되고 있다. 새로운 정보를 나타내는 표지인 것이다. 텍스팅에서는 기존의 문자뿐만 아니라 부호나 이모티콘 등이 여러 다양한 방법으로 더욱 활발하게 사용될 수 있음을 보여주고 있다.

■ 문자메시지 : 텍스팅의 미래

보다 발전된 통신기기의 보급 덕분에 과거와는 달리 스마트폰이 나이와 성별 혹은 직업을 불문하고 보편적으로 사용되고 있다는 것을 고려할 때, 그리고 스마트폰이 아니더라도 이모티콘이나 혹은 다른 많은 표현방법들을 전보다 훨씬 더 빠르고 편안하게 사용할 수 있는 환경이 더 많은 사람들에게 제공되고 있는 상황임을 고려할 때, 향후 전자매체를 활용한 의사소통은 지금보다 훨씬 더 많이 이루어질 가능성이 많다. 따라서 앞에서 거론된 예보다 지금 이 순간에도 문자메시지를 위한 더 많은 어 형성 방법이 어디에선가 이루어지고 있다고 판단되며 이에 사용되는 철자체계 또한 더욱 흥미로운 변화를 겪을 수도 있다고 말할 수 있다.

결론적으로 말하면, 문자메시지는 어휘뿐만 아니라 철자에서도 앞으로도 수많은 변화가 예견이 되는 분야라고 할 수 있다. 다만 문자메시지가 기존의 언어에 어떤 영향을 미칠 것인가에 대해서는 여러 가지 다양한 견해가 있다. 글쓰기 영역에 문자메시지가 미치는 영향에 관한 논의를 예로 들어 보면, 앞에서 언급한 언어학자 맥워터는 이중

언어를 습득하는 것이 가능한 것처럼 앞으로 글쓰기에서도 이중언어 습득이 가능할 것이라고 예견한다. 형식적인 글쓰기와 문자메시지, 두 가지 종류의 글쓰기가 가능해진다는 것이다. 맥워터의 관점에서는 문자메시지가 기존의 언어에 직접적인 영향을 미치기 보다는 독립적인 언어로 발전해나갈 것이라고 보고 있다. 물론 이중언어를 구사하는 화자의 경우 서로의 언어에서 간섭현상이 있듯이 이중글쓰기를 구사하게 될 경우 어느 정도의 간섭현상 혹은 간접적인 영향은 발생할 수도 있다.

아지지 외 (Aziz et al 2013) 또한 대학생들의 학문적 글쓰기에 대한 문자메시지의 영향에 대한 연구를 한 결과 문자메시지의 미래에 대해 긍정적인 의견을 보였다. 일반인들이 우려한 만큼 문자메시지가 학문적 글쓰기에 파괴적인 영향을 미치지 않고 있으며 학생들은 다만 편리하기 때문에 문자메시지의 철자, 문법, 문장부호의 오류를 알면서도 사용하고 있다는 것이다.

그러나 반대의 입장도 있다. 언어학자 윌리엄스(Williams)는 『심리학의 오늘(Psychology Today)』에 기고한 글에서 언어에 대한 지식이 충분하지 못한 청소년의 경우 문자메시지에 대한 과도한 노출은 문법적인 지식을 오히려 퇴보시키고 있다는 설문결과를 발표했다. 이 설문조사는 미국의 펜실베니아 주립대학교에서 수행된 것으로 동음이의어나 짧게쓰기 등의 문자메시지에서 사용되는 어 형성 방법의 사용이 일반적인 글쓰기로의 전환을 방해하는 요소가 된다는 결론을 내리고 있다.

현재 문자메시지의 한계점은 보편적인 이해도가 부족하다는 것이다. 다시 말하면 문자메시지에 일반적으로 사용되는 어휘나 철자들 그리고 부호들을 잘 알고 있거나, 상대방과 문맥을 공유하고 있는 상황에서는 이해가 되지만, 그렇지 않은 경우에는 제3자가 그 내용을 이해하는 것은 어렵다. 또한 문자메시지에서 사용되는 특정 어휘나 어 형성 방법이 일시적일 수도 있다. 사실 언어변화의 방향에 대해서는 그 누구도 예측할 수 없다. 앞으로 문자메시지 자체는 IT기기의 발전과 함께 더 많이 사용될 것임은 분명하지만 지난 20년 동안 만들어진 방법 외에 또 어떤 다른 방법으로 새로운 어휘와 철자를 만들어 낼지에 대해 섣부른 추측을 하기보다는 그 추이를 객관적으로 지켜볼 수밖에 없다.

6.3 철자오류(Misspelling)

Misspelling, 즉 철자를 잘못 쓰는 경우인 철자오류와 관련된 주제는 다양하다. 오류를 가장 많이 보이는 단어들에는 어떤 것들이 있을까로부터 시작하여 학습자들은 철자오류를 어떻게 인식하는가, 철자오류가 발생하는 이유는 무엇일까, 어떻게 하면 철자오류를 줄일 수 있을까, 철자오류의 종류에 대한 나이별 차이, 학습능력 발달과정 등의 다양한 주제들이 모국어 영어화자의 경우와 외국어로서의 영어화자로 나뉘어서 연구되어왔다.

일반적으로 영어의 철자규칙은 모국어인 한국어보다 훨씬 불규칙적이고 예외가 많기 때문에 규칙적인 한글맞춤법에 익숙한 한국인들은 발음과 철자의 대응관계가 불규칙한 영어 철자의 습득에 어려움을 겪는 것으로 알려져 있다. 가장 큰 어려움은 동일한 소리라 할지라도 이를 나타낼 수 있는 철자의 수가 많다는 것이다. 영어 알파벳의 수는 26개이지만 음소의 수는 이보다 많은 40개 이상이며 게다가 각각의 음소를 나타내는 문자소는 65개 이상인 것으로 분석이 되고 있다. 따라서 하나의 단어에서 사용되었던 철자규칙이 다른 단어에는 적용되지 않는 경우가 많이 일어나면서 한국어의 규칙적인 철자체계에 익숙한 한국인들은 영어 철자 학습에 점점 더 어려움을 느끼게 된다.

여기서는 한국인들의 경우보다는 영어를 모국어로 사용하는 사람들의 일반적인 철자오류에 대한 내용을 먼저 살펴보도록 하고, 이후 영어를 모국어로 사용하는 화자와 외국어로 사용하는 화자 사이의 철자오류에 대해서도 추가적으로 살펴보도록 한다.

■ 빈도가 높은 철자오류

다음의 단어일람표는 철자오류 빈도가 가장 높은 100개의 단어들이다. 알파벳 순서로 정리되어있으며 괄호 안의 단어는 가장 흔히 발견되는 철자오류의 예이다(출처: http://grammar.yourdictionary.com/spelling-and-word-lists/misspelled.html).

A
- acceptable 용인되는 (acceptible)
- accidentally 우연히 (accidently)
- accommodate 수용하다 (acomodate)
- acquire 습득하다 (adquire)
- acquit 무죄를 선고하다 (adquit)
- a lot 많이 (alot)
- amateur 아마추어 (amature)
- apparent 분명한 (apparant)
- argument 논쟁 (arguement)
- atheist 무신론자 (athiest)

B
- believe 믿다 (beleive)
- bellwether 전조 (bellweather)

C
- calendar 달력 (calander)
- category 부류 (catagory)
- cemetery 묘지 (cemetary/semetery)
- changeable 변할 수 있는 (vs. changable)
- collectible 모을 수 있는 (vs. collectable)
- column 기둥 (colum)
- committed 헌신적인 (commited)
- conscience 양심 (conshience/contience)
- conscientious 양심적인

(conshientious/consciensious)
- conscious 의식적인 (consious)
- consensus 동의 (concensus)

D
- daiquiri (쿠바의 마을이름)
- definite(ly) 분명하게 (definit/definitly)
- discipline 규율 (disipline)
- drunkenness 취기 (drunkeness)
- dumbbell 아령 (dumbell)

E
- embarrass(ment) 당황, 어색함 (embarass/embarasment)
- equipment 장비 (equiptment)
- exhilarate 기쁘게 (exilarate/exhilirate)
- exceed 초과하다 (excede)
- existence 존재 (existance)
- experience 경험 (experiance)

F
- fiery 불타는 듯한 (firey/firy)
- foreign 외국의 (foriegn)

G
- gauge 측정기 (gage/guage)
- grateful 감사하는 (greatful)
- guarantee 보증하다 (guarrantee)

H
- harass 괴롭히다 (harrass)
- height 높이 (heighth)
- hierarchy 계층 (heirarchy/hierachy)
- humorous 익살스러운 (humorus)

I
- ignorance 무지 (ignorence)
- immediate 즉각적인 (imediate)
- independent 독립적인 (independant)

- indispensable 필수불가결한(indispensible)
- inoculate 접종하다 (innoculate)
- intelligence 지성 (inteligence/intelligance)
- its/it's 그것의/그것은

J
- jewelry 보석 (cf. jewellery)
- judgment 판단 (cf. judgement)

K
- kernel 핵심 (vs. colonel 대령)

L
- leisure 여가 (liesure)
- liaison 연락 (liason)
- library 도서관 (libary)
- license 면허 (lisense)

M
- maintenance 유지 (maintainance)
- maneuver 책략 (cf. manoeuvre)
- medieval 중세의 (midieval/mediaeval)
- memento 기념품 (memeto)
- millennium 천년 (millenium/milenium)
- miniature 미니어처 (miniture)
- minuscule 극소의 (miniscule)
- mischievous 짓궂은 (mischeivius)
- misspell 철자를 잘못 쓰다 (mispell)

N
- neighbor 이웃 (nieghbor cf. neighbour)
- noticeable 현저한 (noticable)

O
- occasionally 가끔 (ocasionally)
- occurrence 발생 (occurrance/ocurrence/occurence)

P

- pastime 취미 (passtime)
- perseverance 인내 (perseverence)
- personnel 인사과 (personell/personel)
- playwright 극작가 (playright/playwrite)
- possession 소유 (posession/posesion)
- precede 선행하다 (preceed)
- principal/principle 중요한/원칙 (principle/principal)
- privilege 특권 (privelge)
- pronunciation 발음 (pronounciation)
- publicly 공개적으로 (cf. publickly)

Q

- questionnaire 설문지 (questionair/questionnair)

R

- receive/receipt 받다/영수증 (reieve/reciept)
- recommend 추천하다 (recomend/reccommend)
- referred 관련된 (refered)
- reference 참고 (referance)

- relevant 적절한 (relevent/releavant)
- restaurant 식당 (resturant)
- rhyme 라임-각운 (cf. rime)
- rhythm 리듬 (rythm)

S

- schedule 일정(shedule) for BE pronunciation)
- separate 별도의 (seperate)
- sergeant 상사 (sergant)
- supersede 대체하다 (superceed)

T

- their/they're/there 그들의/그들은/거기에
- threshold 한계점 (treshold)
- twelfth 12번째 (twelvth)
- tyranny 폭군 (tyrany)

U

- until -할 때까지 (untill)

V

- vacuum 진공 (vacume)

W

- weather 날씨 (wether)

■ 철자오류의 유형

이들 백 개의 단어 목록을 살펴보면 몇 가지 경향을 볼 수 있다. 첫 번째 유형은 영국영어의 철자와 미국영어의 철자 차이로 인한 것이다. 가령 maneuver(책략)는 미국영어 철자이지만 영국에서는 manoeuvre로 사용된다. 단어 자체가 프랑스어 차용어이기 때문에 익숙하지 않은 철자형태라서 오류가 야기되는 이유도 있지만 무엇보다도 영국과 미국의 철자가 서로 다른 이유로 인해 철자오류가 많이 나오는 경우라

고 할 수 있다. 그 외에도 judgment(판단), license(면허)는 미국영어 철자이지만 영국영어 철자는 각각 judgement, licence이기 때문에 철자오류가 발생하게 된다. 내용이 좀 다르긴 하지만 accidentally(우연히)에 대한 철자오류인 *accidently(단어 앞 *는 잘못된 형태를 말함)도 미국영어와 영국영어의 차이로 인한 것으로 볼 수 있다. 영국영어에서는 마지막 음절의 모음 발음이 약화되어 상실되므로 영국영어를 사용하는 사람들의 철자에서는 마지막 <a>가 탈락하는 오류가 생긴다.

 이러한 유형의 오류들은 진정한 오류라고는 볼 수 없는 유형이긴 하나 영국영어 철자와 미국영어 철자 사이의 차이점을 완전히 파악하지 못한 비모국어화자들에게서 많이 나오게 된다. 비모국어화자의 경우 양국에서 사용하고 있는 철자의 차이를 잘 인식하고 있어야 철자오류를 줄일 수 있게 된다. 결과적으로 비모국어화자는 모국어화자에 비해 영어철자에 대해 더 혼란스러워하게 되며 철자오류에 대해서도 큰 부담을 갖는 요인이 된다는 것을 알 수 있다.

 두 번째는 발음과 관련이 있는 경우이다. 발음이 같은 동음이의어의 경우 문맥에 맞는 단어의 철자를 맞게 써야하지만 서로 헷갈려 잘못 쓰는 경우를 들 수 있다. 특히 <it's>와 <its>는 철자오류 중 가장 빈도수가 높을 정도로 자주 발견되는 철자오류이다. 주어 it와 현재시제형 동사 <be>와 <has>의 축약형으로 축약을 의미하는 아포스트로피와 함께 쓰이는 it's와 it의 소유격 형태인 its가 서로 혼동되어 사용되는 것이다. they're/their/there이나 principal/principle 또한 발음이 같지만 의미에 따라 철자는 다른 동음이의어로 이와 같은 철자오류는 영어 모국어 화자들뿐만 아니라 비모국어화자들에게서도 쉽게 발견된다.

 발음과 관련된 철자오류는 제한된 수의 로만 알파벳을 사용하는 영어 철자체계 자체의 문제점과 연결되는 경우도 있다. 발음 /s/는 철자 <s>뿐만 아니라 <c>로도 표기할 수 있고 발음 /ʃ/ 또한 여러 가지 철자로 표기할 수 있기 때문에 conscience(양심)를 *concience, *conshience, *contience 등으로, license(면허)를 *lisense로 쓰는 철자오류를 낳게 된다.

묵음 또한 수많은 철자오류를 만들어낸다. definite(확실한)의 경우 어말 묵음 <e>는 일반적인 경우에 선행 모음이 장음이라는 걸 알려주는 역할을 하지만 이 단어의 경우 선행모음이 장음이 아니기 때문에 그 기능을 제대로 발휘하지 못하게 된다. 따라서 철자 또한 *definit로 잘못 쓰게 되는 결과를 낳는다. 어말 묵음 외에도 수많은 묵음들로 인한 철자오류는 column(칼럼, 기둥)과 gauge(측정기)를 각각 *colum과 *gage로 쓰는 데서 나타난다.

세 번째 유형은 영어만의 독특한 철자규칙과 관련이 있는 것으로 겹자음과 홑자음의 경우가 서로 뒤바뀌는 것과, 모음은 <ie>의 순서가 <ei>로 혹은 <ei>의 순서가 <ie>로 뒤바뀌는 경우이다.

자음의 경우에는 철자 상으로는 겹자음이지만 발음상으로는 하나의 자음으로 발음되기 때문에 발생하는 오류이다. accommodate(수용하다)의 경우 겹자음이 두 번 나오지만 *accomodate, *acommodate, *acomodate등으로, immediate(즉각적인)는 *imediate로 겹자음을 제대로 표기하지 못하는 철자오류가 발견된다. 반대로 겹자음이 아닌데도 겹자음을 써서 철자오류를 만들기도 한다. inoculate(접종하다)를 *innoculate로 쓰는 경우가 여기에 속한다.

모음의 경우 영어권 국가의 학교에서는 주로 <ie>규칙을 알려주는데 이 규칙에 따르면 긴 모음 /i/를 나타내는 철자는 철자 <c> 뒤에 오는 경우를 제외하고는 철자 <ie>가 되고 <c> 뒤에 오는 경우에만

<ei>가 된다. 그러나 caffeine(카페인), seize(움켜쥐다), leisure(여가)처럼 예외는 언제나 있기 마련이고 비모국어화자의 경우 별도로 이러한 철자규칙을 학습하고 있지는 못하므로 <ei>와 <ie>를 혼동하는 경우가 많이 발생한다.

쿡(Cook 2004)의 조사에 따르면 인터넷 웹사이트에 올라온 <ei>와 <ie> 철자를 갖는 단어들 중 철자오류를 보이는 확률은 (13)과 같다. 이 결과는 모국어 화자들 역시 <ei>와 <ie> 철자에 대해 혼란을 겪고 있음을 보여주고 있다.

(13) <ei>와 <ie> 철자오류

niece 8.7%	perceive 1.9%	caffeine 2.9%
deceive 2.5%	receive 1.8%	receipt 0.6%
conceive 2.3%	seize 1.7%	ceiling 0.3%

그 외에도 철자와 발음의 차이가 있는 단어에서는 철자오류가 많이 발견된다. 일람표에 있는 단어들을 중심으로 살펴보면 <a/e>의 철자를 서로 혼동되어 쓰는 경우가 가장 많이 오류를 보인다. separate(별도의)는 *saparate나 *seperate로, calendar(달력)는 *calandar로, category(부류)는 *catagory로, relevant(관련있는)는 *relevent로, reference를 *referance로 쓰는 것을 예로 들 수 있다.

이미 앞에서 언급한 유형의 철자오류와도 관련 있는 오류지만 따로 언급이 필요한 오류는 차용어로 인한 오류이다. 고대영어로부터 내려온 앵글로 색슨계 단어가 아니라 여러 다른 나라의 언어들에서 단어를 차용해왔을 경우 차용기간이 오래될수록 고유어휘의 형태에 적응되는 것은 사실이지만 차용기간이 길지 않은 경우에는 차용 당시의 형태를 그대로 간직하게 되고 모국어에서는 쉽게 접할 수 없는 낯선 철자 형태로 인해 오류를 만들게 되는 것이다. 특히 국가나 도시의 이름 등 고유명사 Czechoslovakia(체코슬로바키아), armageddon(아마겟돈), bourgeoisie(부르조아지, 중산층 또는 자본가)나 chrysanthemum(국화), reservoir(저수지) 등을 들 수 있다. 비록 차용어의 경우는 100개의 단어 안에는 많지 않지만 실제 상황에서는 많이 발견된다고 볼 수 있다.

■ 철자오류의 원인

비슨(2006)은 철자를 잘못 쓰는 이유는 한두 가지가 아니라 여러 요소들이 서로 얽히면서 나오는 결과라고 말한다. 그 요소들 중 몇 가지를 들어 설명해보면 다음과 같다.

- 몇몇 사람들은 철자에 지나치게 민감하여 철자를 잘못 쓴 경우를 꼼꼼히 찾아내기 때문이다. 즉, 철자에 대한 실수를 조금이라도 용납하지 않고 일일이 지적하는 경우에 더 많은 철자오류를 발견하게 된다.
- 한 번 철자를 잘못 쓰기 시작하면 다음에도 똑같은 실수를 반복하기 쉽다. 하지만 오히려 이런 현상을 이용해서 잘못된 철자를 사용함으로써 광고효과를 높이는 경우도 있다고 한다.
- 영어 철자체계 자체에 문제가 있기 때문이다.
- 기억력이 나쁜 것도 하나의 원인은 될 수 있다. 물론 좋은 기억력만이 철자를 정확하게 쓰도록 하는 것은 아니다.
- 간혹 다른 단어에서 볼 수 있는 철자규칙을 따르다보면 오히려 잘못된 철자를 쓰기도 한다. 어떤 언어이든 그렇겠지만 특히 영어에는 언제나 예외가 있기 때문이다.
- 읽고 쓰기를 많이 하면 철자를 향상시킬 수 있다고 하지만 그렇다고 해서 읽고 쓰는 것을 게을리 했기 때문에 잘못된 철자를 쓰는 것은 아니다.

이유가 어떻든 간에 많은 사람들이 철자를 잘못 쓰고 있고, 비모국어화자인 우리는 영어작문을 하거나 영어를 쓸 때 더 많은 철자오류를 만들고 있는 것은 사실이다. 한국에서는 굳이 영어를 사용하지 않아도 되는 경우에 영어를 사용하면서 철자를 잘못 쓰는 경우가 많다. 한국에서의 영어 사용에 관한 한 철자오류만 문제가 되는 상황은 아니지만 여러 오류들 중에서도 특히 철자오류는 가장 흔하게 일어나는 일이면서도 교육적인 면에서는 소홀히 다루어지고 있다고 할 수 있다.

비슨은 철자오류의 근본적인 원인에 따라 철자오류를 두 가지로 나누고 있는데, 철자를 모르기 때문에 잘못 쓰는 경우인 '지식오류(knowledge error)'와 자신이 써놓은 철자를 다시 한 번 잘 살펴보면 고칠 수 있는 오류인 '교정오류(proofreading error)'이다. 사실, 두 번째 교정오류의 경우 조금만 신경을 쓰면 오류를 방지할 수 있다. 비슨은 교정오류의 원인을 다음과 같이 재미있게 그러나 설득력 있게 설명하고 있다.

- 너무 급하게 글을 썼기 때문이다.
- 해당 단어에 대해 무관심하거나 무기력하기 때문이다.
- 글을 쓰는 것에 대해, 특정한 주제에 대해, 혹은 자신의 글을 읽을 독자들에 대해 부정적인 태도를 가지고 있기 때문이다.
- 이와는 반대로 주제에 대해 너무 열정적으로 생각하다가 철자에는 부주의하게 되는 경향이 있을 수도 있다.
- 시력이나 혹은 눈에 문제가 있기 때문이다.
- 손가락이 부러졌거나 신체 부위에 부상으로 인한 고통을 느끼고 있는 상황에서 썼기 때문이다.
- 운동신경이 잘못되거나 혹은 손과 눈이 잘못 조화되었기 때문이다.

물론 거론된 이유들이 모두 과학적이거나 혹은 이론적인 근거가 있다고 볼 수는 없으나 실제로 흔히 일어날 수 있는 일들임은 분명하다. 이외에도 올바른 철자를 알고 있으면서도 철자오류를 만드는 교정오류의 원인은 더 있다. 타자기나 컴퓨터의 자판을 쓰는 중에 나오는 오타도 아주 많을 것이다. 이 경우 모국어화자보다는 영어 자판에 익숙하지 못한 비모국어화자의 경우에 철자오류를 더 많이 만들어낼 것임은 쉽게 추측할 수 있다. 모국어화자와 비모국어화자 사이에 철자오류를 만들어내는 원인이 과연 다른지 혹은 유형 상에서도 서로 차이점이 있는지 자세히 살펴보는 것도 앞으로 흥미로운 연구주제가 될 수 있을지도 모른다.

교정오류는 한 마디로 알면서 틀리는 철자이다. 앞에서 언급했던 100개의 철자오류 목록과 별도로 쉬운 단어이지만 잘 틀리는 교정오류 빈도수 10위 안에 드는 단어들은 다음과 같다.

(14) 교정오류의 예
    lose(잃어버리다)/loose(느슨한): 철자를 혼동한 경우
    it's(그것은)/its(그것의): 철자를 혼동한 경우
    they're(그들은)/their(그들의)/there(거기에): 철자를 혼동한 경우
    your(당신의)/you're(당신은): 철자를 혼동한 경우
    definitely(결정적으로)/*dafinitely, *definately: 철자를 혼동한 경우
    weird(기이한)/*wierd: 철자를 혼동한 경우
    effect(명사: 영향, 효과)/affect(동사: 영향을 미치다): 철자를 혼동한 경우
    weather(날씨)/whether(접속사, -인지 아닌지): 철자를 혼동한 경우
    a lot(많이)/*alot: 띄어쓰기를 잘못한 경우
    then(그때)/than(~보다): 철자를 혼동한 경우
        (출처: http://theoatmeal.com/comics/misspelling)

이 단어들은 매우 기본적인 단어들임에도 불구하고 발음이 똑같거나 규칙적인 철자와는 철자 순서가 바뀌어 있기 때문에 혹은 주의를 기울이지 않았기 때문에 오류를 많이 내게 되는 경우라고 볼 수 있다.

한 가지 지적하고 넘어갈 것은 모국어화자에게는 교정오류로 분류될 수 있는 오류라도 비모국어화자에게는 지식오류가 될 수 있다. 얼마나 영어 철자에 익숙한가, 영어 어휘를 정확하게 잘 알고 있는가에 따라서 개별 단어 철자에 대한 정확성이 결정되기 때문이다. 비모국어화자인 한국인의 경우 교정을 아무리 보아도 철자오류를 발견하지 못하는 경우 교정오류가 아닌 지식오류로 분류되어 교정오류와 지식오류 사이에 경계선이 모호해질 수도 있다.

■ 철자오류의 인식

철자오류에 대한 인식의 문제는 오래전부터 연구가 되어왔다. 예를 들어 프리쓰(Frith 1980)는 철자를 잘 쓰고 읽기도 잘하는 학생들은 철자오류도 잘 인식하는 반면, 읽기는 잘하지만 철자를 잘 쓰지 못하는 학생들은 철자오류를 잘 인식하지 못한다는 실험결과를 발표했다.

퍼넬(Funnell 2008)의 연구는 읽기와 철자 능력의 관계를 보다 더 정확하게 분석하고 있다. 이 연구에 따르면 철자오류를 인식하는 능력은 단어의 철자를 올바르게 알고 있는가 아닌가에 달려있으며 따라서 철자에 대한 지식은 철자의 오류를 인식하는 기본적인 조건이 되지만 이와는 달리 제대로 된 철자를 인식하는 능력은 철자를 제대로 쓰는 능력과는 별개의 것이다. 즉 옳은 철자를 인식하는 능력은 철자를 쓰는 능력보다는 읽기 능력에 보다 더 관련이 많다는 것이다.

따라서 다음과 같은 결론을 내릴 수 있다. 특정단어의 철자가 옳은지 인식하려면 그 단어는 읽는 독자의 어휘능력 안에 있어야 한다. 반면 일반적으로 잘못된 철자를 인식하려면 철자를 제대로 쓰는 방법을 알아야만 한다. 독자의 어휘력 범위를 벗어나는 단어의 철자가 옳은지 그른지 인식하려면 자신의 언어 철자체계에 적용되는 철자규칙을 알아야 한다. 여기서 말하는 철자규칙은 발음과 문자의 대응관계에 근거하는 규칙적인 철자규칙이라기보다는 어휘와 관련된 내용, 즉 실제 단어에서 사용되는 철자규칙을 알아야 한다는 것을 의미한다. 가령 <ie>규칙이 여기에 속할 수 있다.

■ 철자전략

철자오류를 줄이고 철자를 보다 잘 습득할 수 있는 방법, 소위 철자전략은 없을까? 홈스와 멀론(Holmes & Malone 2004)은 성인들의 철자전략에 대한 연구에서 올바른 철자를 습득하기 위한 여러 가지 전략들을 소개하면서 철자를 잘 쓰는 사람은 철자오류를 자주 하는 사람들에 비해 훨씬 더 다양한 전략을 자주 구사하고 있다고 주장한다. 가장 많이 쓰이고 있는 철자전략은 철자연습(letter rehearsal, 철자 하나하나를 다시 확인하는 것)과 소리내어 단어읽기(overpronunciation, 단어 전체를 소리를 내면서 천천히 읽어보는 것)로 나타났다(구체적인 철자습득방법에 대해서는 옴로드와 젱킨스(Ormrod & Jenkins 1989)를 참조할 것). 그 외에도 발음하면서 철자를 머리에 그려보거나(소리영상화 sound visualization), 단어의 형태소를 나누어 따로 철자를 확인하는 방법(어형적 분석 morphological analysis) 등이 있다. 영어는 차용어가 많은 언어인 만큼 외국어에 대한 지식이 있으면 철자를 습득하는데 도움이 될 수 있다고 한다.

미국 학생들의 경우 가장 효과적인 철자습득전략은 주어진 단어에서 형태구조를 분석하는 것으로 나타났다고 한다. 이 방법은 학생의

읽기/쓰기 수준에 상관없이 가장 효과적인 것으로 홈스와 멀론(2004)
은 주장하고 있다. 철자 하나하나를 말하거나 쓰면서 확인해보는 방
법인 철자연습은 읽기/쓰기의 수준이 높은 경우 특히 효과적인 방법
이다. 그리고 음절별로 발음을 천천히 해보면서 철자를 확인해보는
소리 내어 단어 읽기 또한 효과적인 방법이지만 평상시에 철자를 잘
하지 못하는 학생들의 경우 효과는 그리 높지 않다고 한다.

 모국어가 아닌 외국어로 영어를 배우는 한국의 학생들에게서 나타
나는 철자오류나 철자 습득에 대한 연구 또한 상당한 수준으로 진행
되어왔으나 여기서는 자세한 설명은 하지 않도록 한다. 과거 읽기 위
주의 영어교육으로 인해 철자와 발음의 대응관계에 집중하기 보다는
무조건 암기식으로 영어의 철자를 학습해야했던 것과는 달리 요즘은
유아를 대상으로 하는 파닉스 교육이 널리 시행되고 있는 등 과거보
다는 훨씬 더 좋은 상황인 것은 사실이다. 그러나 퍼넬의 연구결과에
서도 나왔듯이 자신의 어휘력 범위를 넘어서는 단어들에 대해서도 오
류를 인식할만한 어휘적 철자규칙도 학습되어야한다. 무엇보다도 비
모국어화자들을 위한 보다 효과적인 철자습득전략이 개발이 되어야
하고 또한 그 전략들을 효율적으로 학습할 수 있도록 새로운 교수법
을 연구하는 것도 필요하다고 하겠다.

■ 철자오류의 활용

 일반적인 경우에는 철자오류가 긍정적으로 받아들여지지 않지만
철자오류를 오히려 활용하여 특정 텍스트의 효과를 높이고자 하는 경
우도 있다. 상업용 광고나 개인의 창작물에 의도적으로 철자오류를
넣어 독자나 시청자의 이목을 한 번 더 끌어당김으로써 마케팅 효과
를 높이는 경우이다. 반대로 기존의 문구나 창작물에 철자오류를 만

들어 진품이 아니라 가품임을 알리는 경우도 있다. 두 번째의 경우, 의도적인 철자오류로 진품이 아니라 가품임을 알리는 것은 한국의 짝퉁시장에서 많이 발견되는 예이다. 또한 청소년 시기의 학생들은 일부러 철자를 잘못 쓰는 것이 유행되는 경우도 있다.

다음의 예는 인터넷에 올라와있는 재미있는 철자오류의 예들이다. 원래 의도했던 단어의 철자가 무엇인지 한번 찾아보자.

> **Q** 1) ENGLISH IS OUR LANGUAGE. NO EXCETIONS LEARN IT.
>
> **A** excetions → exceptions
> 설명: 영어는 우리의 언어이므로 예외 없이 배워야한다고 말하면서 예외라는 철자를 틀리게 써넣고 있다. 시장님의 영어실력을 보여주고 있는 것일까?
>
> **Q** 2) GET A BRAIN! MORANS
>
> **A** morans → morons
> 설명: 철자오류가 있는 시위 피켓이다. 의도한 것은 '생각 좀 해, 이 얼간아'라고 놀리는 문구였지만 철자가 잘못되는 바람에 오히려 시위하는 사람이 얼간이가 되어버린 상황이다.

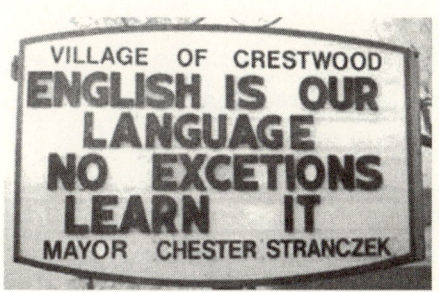

〈그림 1〉 철자오류의 예 1

〈그림 2〉 철자오류의 예 2

Q 3) SHCOOL

A SHCOOL → SCHOOL

설명: 학교로 가는 길은 아주 멋져서 (so cool?) 이런 철자를 사용했을까? 도로에 학교주변임을 표시하는 내용에 오자가 있어 실소를 자아낸다.

Q 4) We bye used cars.

A bye → buy

설명: '중고차 삽니다'라는 뜻의 광고판에 산다는 뜻의 buy 대신 헤어지면서 하는 인사말 bye로 표기되어있다. 중고차에게 안녕을 고하기 위해서일까?

〈그림 3〉 철자오류의 예 3   〈그림 4〉 철자오류의 예 4

그 외의 철자오류들

5) While working for a security firm, Dennis Spradling was given written orders stating, "You are not allowed to except any bribes."

데니스 스프래들링은 보안회사에서 일하는 동안 다음 규칙을 지켜야 했다. "당신은 어떤 뇌물도 제외해서는 안 됩니다."

설명: 뇌물을 받지(accept) 말아야하는데 뇌물을 제외(except)해서는 안 된다는, 결국 모든 뇌물을 받아야한다는 문장이 되어버렸다.

6) Floods from the Mississippi may be prevented by putting big dames in the river.

강에 큰 여자들을 만들어 미시시피 강을 범람하는 홍수를 사전에 막아야한다.

설명: 댐(dam)이라는 단어를 써야하는데 <e>를 첨가하면서 댐이 아닌 여자들(dame)이 되었다.

7) Full coarse meals.

아주 거친 식사

설명: 풀코스 요리 또는 만찬 요리(full course meals)가 아주 거친(full coarse) 식사가 되었다.

8) During peek season the beach is covered with hundreds of bikini-clad beauties.

엿보는 계절 동안 해변은 수 백 명의 비키니를 입은 미인들로 뒤덮인다.

설명: 성수기(peak season)라는 단어의 철자가 잘못되면서 성수기가 아닌 엿보는 계절(peek season)이 되었다.

9) In Pittsburgh they manufacture iron and steal.

피츠버그에서는 철을 제조하고 훔친다.

설명: 철과 강철(steel)을 제조한다는 문장이 철자오류로 인해 철을 제조하고 나서 훔친다(steal)는 뜻으로 변해버렸다.

제7장

미래의 영어 철자

지금까지 영어 철자의 과거와 현재를 살펴보았다. 그렇다면 미래의 영어 철자는 어떤 모습일까? 지금까지 살펴본 것처럼 철자의 변화는 예기치 않았던 사건들을 비롯한 수많은 요인들에 의해 야기되고 진행되고 정착하게 되었으므로 미래의 변화에 대한 예측 자체가 불가능할지도 모른다. 영어는 현재 모든 사람들이 인정하고 있는 세계 공용어의 위치에 올라있고 가장 많은 사용 인구를 가지고 있으므로 영어라는 하나의 특정한 언어로서가 아니라 아마도 세계인의 언어로서 어떤 철자 변화가 있을지에 대한 논의를 해야 할 수도 있다.

한동안 세계 공용어로서의 영어에 대한 논의를 하면서 학자들은 영어의 가장 큰 약점으로 철자와 발음의 차이를 들었고 이를 극복하기 위해 과거 19세기 학자들이 그랬듯이 영어 철자를 개혁해야한다고 제안한 적이 있었다. 그 중 한 가지 제안으로 지구어(Globalese)가 있다. 지구어를 제안한 해스펠메스(Haspelmath 1994)의 주장을 요약하면 지구어라는 새로운 이름을 사용하면 영어라는 이름이 거부감을 주는 상황을 극복할 수 있다고 전망한다.

이름을 바꿈으로써 특정한 언어를 선택했다는 느낌을 조금이라도 줄이게 되면 다음에 극복해야할 문제는 필연적으로 모순투성이의 철자체계이다. 음소문자 체계를 채택하고 있는 만큼 영어를 사용해서, 아니 지구어를 사용해서 소리를 좀 더 정확하게 표기하기 위해서는 철자개혁이 전제되어야한다는 것이다.

그러나 이전의 철자개혁의 사례에서도 볼 수 있듯이 과연 지구어로 거듭나기 위한 영어의 철자개혁이 성공할 수 있는가 하는 것은 새로운 문제를 야기한다. 미래사회를 위해 제안될만한 구체적인 철자개혁의 내용은 지구어와 비슷한 유로잉글리시(EuroEnglish)에서 찾아볼 수 있다. 이 개혁안을 통해 과연 영어의 철자체계가 의도적인 계획아래 미래에 완전히 바뀔 수 있는지 독자 여러분이 스스로 판단해보도록 하자.

다음의 유로잉글리시 철자개혁에 대한 제안은 유럽공동체에서 나온 것으로 1997년 독일어가 아닌 영어를 EU의 공식어로 채택하게 되자 영국에서는 영어의 철자를 개혁하는 5개년 계획을 진행함으로써 유로잉글리시를 완성하겠다고 발표했었다.

< 영문 >

In the first year, "s" will be used instead of the soft "c." Sertainly, sivil servants will resieve this news with joy. Also, the hard "c" will be replaced with "k." Not only will this klear up konfussion, but typewriters kan have one less letter. There will be growing publik enthusiasm in the sekond year, when the troublesome "ph" will be replaced by "f," This will make words like "fotograf" 20 per sent shorter. In the third year, publik akseptanse of the new spelling kan be expekted to reach the stage where more komplikated changes are possible. Governments will enkourage the removal of double letters, which have always ben a deterent to akurate speling. Also, al wil agre that the horible mes of silent "e"s in the language is disgrasful, and they would go. By the fourth year, peopl wil be respetiv to steps such as replasing "th" by "z" and "w" by "v." During ze fifz year, ze unesesary "o" kan be dropd from vords kontaining "ou", and similar changes vud of kors be aplid to ozer kombinations of leters. After zis fifz yer, ve vil hav a reli sensibl riten styl. Zer vil be no mor trubls or difikultis and evrivun vil find it ezi tu understand esh ozer. Ze drem vil finali kum tru.

< 국문 >

첫 해에는 마찰음으로 발음되는 <c>는 <s>로 표기하는 것이다(이하 <c> 대신 <s> 사용). 분명히 공무원들은 이 소식을 기쁘게 받아들일 것이다. 동시에 파열음으로 발음되는 <c>는 <k>로 표기한다(이하 <c> 대신 발음에 따라 <s>와 <k>로 구분해서 사용). 이는 혼란을 없앨 뿐만 아니라 타자기에서도 글자 한 개가 줄어들게 된다. 철자에 대한 대중의 열정이 늘어나면서 두 번째 해에는 문제가 많은 <ph>가 <f>로 대체된다. 따라서 사진을 뜻하는 photograph는 fotograf로 20퍼센트 가량 길이가 줄어든 단어가 된다. 새로운 철자에 대한 대중의 승인은 좀 더 복잡한 변화도 가능한 단계에 이를 것으로 예측된다. 따라서 정부는 중복된 철자 제거를 촉진하게 되는데 중복철자는 항상 정확한 철자를 쓰는 데 방해 요소가 되어왔다. 또한 모든 사람들은 끔찍한 혼란을 일으키는 묵음 <e>가 수치스러워 이를 없애게 된다. 네 번째 해가 되면 사람들은 <th>를 <z>로 그리고 <w>를 <v>로 대체하는 단계를 거칠 것이다. 다섯 번째 해에는 <ou> 철자에서 필요 없는 <o>를 없애게 되며 이와 비슷한 변화들이 글자들을 조합해서 쓰는 경우에 적용이 될 수 있다. 이렇게 다섯 해를 지내고 나면 우리는 정말 분별력 있는 철자 스타일을 가지게 될 것이다. 어떤 문제도 어려움도 없을 것이며 모든 사람들은 서로를 쉽게 이해할 수 있게 된다. 꿈은 마침내 실현이 된다.

영어로 되어있는 문장에서 볼 수 있는 것처럼 5년 동안의 단계별 조정을 거쳐 문제가 있는 철자들은 하나씩 다른 철자로 대체되면서 결국 마지막 단계에 이르면 유로잉글리시의 철자체계는 영어와는 전혀 다른 새로운 언어처럼 보이는 것이 사실이다. 그러나 어휘와 구문은 영어 그대로임을 전제할 때 과연 5년 동안에 수 백 년 동안 써오던 영어의 철자체계가 아닌 새로운 유로잉글리시의 철자체계를 받아들일 수 있는지, 즉 현재 사용하고 있는 단어와 문법구조는 그대로 유지하면서 음과 철자의 관계에서만 새로운 관계가 만들어지고 이 관계가 모든 영어 화자들에게 용납될 수 있는지 의문이 들 수밖에 없다.

가령 <th>를 <z>로 대체한다면 영어를 비롯하여 현재 <z>를 사용하고 있는 언어들과의 혼란이 예상되며, 또한 다른 이중철자들 <ch>, <sh>, <dg>의 문제와 함께 <v>를 <w>로 대체할 경우 기존의 <v>와의 혼란도 예상될 수 있다. 뿐만 아니라 기존의 철자를 알아야 새로운 철자로 대체가 가능한 경우도 있는데 이 경우 기존의 철자도 함께 학습해야만 하는 이중의 부담이 가해질 수도 있다.

사실 철자개혁의 5개년 계획이 구체적으로 시행된 적은 현재까지 없는 것으로 보인다. 이미 언급했듯이 마지막 단계에서 영어의 모습은 지금의 영어와는 너무나 다른 모습이어서 과연 이와 같은 단계별 철자변화가 실제로 일어날 수 있는지 의문이 든다. 게다가 학자들 중에는 기존에 유럽에서 사용하고 있는 영어 자체를 유로잉글리시라고 부르는 경우도 간혹 있으나 철자개혁을 전제로 하고 있지는 않다. 크리스털(2008b)은 미국영어나 인도영어 혹은 싱가포르영어처럼 하나의 개별적인 이형으로서의 유로잉글리시의 존재는 아직 확실하지 않으나 다만 시간이 좀 더 지나면 새로운 형태의 영어 이형이 유럽 대륙에서 발생할 수도 있다고 말하고 있다. 그리고 그 이형은 철자뿐만 아니라 모든 면에서 현재의 영어보다 더 단순하고 규칙적인 모습일 수도 있다고 말하고 있다.

지금까지 우리는 영어 철자의 과거와 현재 그리고 세계 공용어로서 미래에 있을지도 모르는 변화까지도 살펴보았다. 역사가 아무리 미래를 보여주는 가장 합리적이며 가장 정당한 근거나 토대가 된다하더라도 과거와 현재에 비추어 미래를 짐작하는 것은 어려운 일이다. 하물며 변화를 막을 수 없는 언어는, 혹은 어떤 종류의 변화가 있을지 짐작하기 힘든 언어는 더욱 앞날을 예측하기가 힘들다. 한 가지 분명한 것은 과거에 인쇄술이 철자에 큰 영향을 미쳤고, 현재는 컴퓨터와 함께 인터넷과 스마트폰이라는 휴대용 통신기기가 철자에 큰 영향을 미치고 있다면, 과거와 현재의 철자 모두 기술문명의 발전과 깊은 관련이 있다는 것이다. 따라서 앞으로 인간사회에 소개될 수많은 과학기술의 결정체들이 어떤 모습으로 우리에게 제공되느냐에 따라 미래의 철자, 비단 영어뿐만 아니라 한국어를 비롯한 수많은 언어의 철자는 영향을 받을 것이라고 생각한다.

영어 철자가 규칙에 벗어나는 수많은 예외적인 형태와 쉽게 고칠 수 없는 오류를 가지고 있는 것은 사실이다. 그럼에도 불구하고 최근 들어서 현대영어의 철자는 가장 최적의 시스템을 가지고 있다고, 따라서 철자개혁은 굳이 필요하지 않다는 학자들이 늘고 있는 추세임을 감안할 때, 결국 언어는 지나간 역사의 산물이며 인간은 그 역사에 적응하면서 언어의 변화와 함께 살아간다는 불변의 진리를 영어 철자가 입증하고 있는지도 모른다. 지난 1500년 동안 많은 변화를 겪어왔고, 지금 이 순간에도 변화를 겪고 있으며, 또한 앞으로도 변화를 겪어나갈 영어의 철자체계에 대한 독자들의 이해와 흥미가 이 책으로 인해 더욱 촉진되기를 바란다.

참고문헌

강은경. 2009. 영어 혼성어와 가장자리의 대칭성. 『영어영문학』 55권1호. 120-152.

김명숙, 문안나. 2012. 현대영어 약어에 대한 한국과 미국 대학생의 관심도 및 이해도 연구. 『언어연구』 28권3호. 449-477.

Adams, V. 1973. *An Introduction to Modern English Word-Formation.* London: Longman.

Addison, J. 1711. *A new guide to the English tongue: In five parts: The whole, being recommended by several clergymen and eminent schoolmasters, as the most useful performance for the instruction of youth, is designed for the use of schools in Great-Britain, Ireland, and in the several English colonies and plantations abroad.* Philadelphia: Printed and sold by Joseph Crukshank in 1792, No. 87.

Algeo, J. and T. Pyles. 2010. 6th ed. *The Origins and Development of the English Language.* New York: Cengage Learning.

Algeo, J. 1977. Blends, a Structural and Systemic Views. *American Speech* 52-1, 47-64.

Ayto, J. 1999. *Twentieth Century Words.* Oxford: Oxford University Press.

Aziz, S et al. 2013. The Impact of Texting/SMS Language on Academic Writing of Students. *Elixir Linguistics and Translation* 55, 12884-12890.

Barber, C. 1976. *Early Modern English.* Edinburgh: Edinburgh University Press.

Bat-El, O. 1996. Selecting the Best of the Worst: the Grammar of Hebrew Blends. *Phonology* 13, 286-328.

Bauer, L. 1983. *English Word-Formation.* Cambridge: Cambridge University Press.

_____. 1993 *Introducing Linguistic Morphology*. Edinburgh: Edinburgh University Press.

Beason, L. 2006. *Eyes before Ease: the Unsolved Mysteries and Secret Histories of Spelling*. U.S.: McGraw Hill.

Cannon, G. 1986. Blends in English Word Formation. *Linguistics* 24, 725-53.

_____. 1987. *Historical Change and English Word-Formation*. New York: Peter de Lang.

_____. 1989. Abbreviations, and Acronyms in English Word Formation. *American Speech* 64, 99-127.

Carter, J. 2006. English Spelling Reform. *Prometheus* 24-1, 81-100.

Chomsky, N. and M. Halle. 1968. *The Sound Pattern of English*. New York: Harper & Row.

Cook, V. and R. Cook. 2004. *Accomodating Brocolli in the Cemetary: Or Why Can't Anybody Spell?* London: Profile Book Ltd.

Crystal, D. 2008a. *Txtng: the gr8 db8*. Oxford: Oxford University Press.

_____. 2008b. *By Hook or By Crook: A Journey in Search of English*. London: Harper Collins.

Dubosarsky, U. 2008. *The Word Spy*. New York: Viking.

Faber, H. 2002. On the Abuse of Acronyms. *American Journal of Respiratory and Critical Care Medicine* 166-12, 1607-1608.

Frith, U. 1979. (ed.) *Cognitive Processes in Spelling*. London: Academic Press Inc.

_____. 1980. *Some Perceptual Prerequisites for Reading*. International Reading Association.

Funnell, E. 1992, On Recognising Misspelled Words. In Sterling, C.M. and C. Robson(eds.). *Psychology, Spelling & Education*, 87-99. Clevedon, England: Multilingual Matters.

Görlach, M. 1978. *Introduction to Early Modern English*. Cambridge: Cambridge University Press.

Gries, S. 2004. Shouldn't It be Breakfrunch? A Quantitative Analysis of Blend Structure in English. *Linguistics* 42-3, 639-667.

Harley, H. 2003. Why is it the CIA but not *the NASA? Acronyms, Abbreviations and Definite Descriptions. ms. University of Arizona.

_____. 2006. *English Words: A Linguistic Introduction.* New York: Wiley-Blackwell.

Holmes, V. M. and N. Malone. 2004. Adult Spelling Strategies. *Reading and Writing: An Interdisciplinary Journal* 17, 537-566.

Hong, SH. 2004. Properties of English Word-blends: Structural Description and Statistical Distribution. *English Language and Linguistics* 18, 117-140.

Jamet, D. 2009. A Morphophonological Approach to Clipping in English: Can the Study of Clipping be Formalized? *Lexis Special* 1, 15-31.

Jin, MJ. 2005. English Blends: A Descriptive Study of their Distributional Patterns and Prosodic Features. *The Modern Linguistic Society of Korea.* 20-3, 195-231.

Jones, S. 2009. The Importance of Spelling. http://www.spellingcity.com/importance-of-spelling.html.

Katamba, F. 1994. *English Words.* London: Routeledge.

McKean, E. 2011. Totes Presh: Why We Love and Loathe Clipped Words. http://www.bostonglobe.com/ideas/2011/10/15/totes-presh/s63iarzfURe4xU1gCzBQjI/story.html

Kelly, M. 1998. To "brunch" or to "brench": Some Aspects of Blend Structure. *Linguistics* 36.3, 579-590.

Khawaja, S., N. Ahmed, J. S. Udu and Stanley. 2010. Identifying Common Abbreviations Used in Notes on Children's Medical Ward. http://internationalforum.bmj.com:80/doc/2010/posters/rc_khawaja_use_of_abbreviations_in_paediatrics.pdf.

Kilshaw, M., J. Rooker and I. Harding. 2010. The Use and Abuse of Abbreviations in Orthopaedic Literature. *Annals of the Royal College of*

Surgeons of England 92, 250-252.
Kleider, C. 1979. Creating New Words by Shortening. *Journal of English Linguistics* 13, 24-36.
Kortmann, B. *Handbook of Varieties of English 1. Phonology V2*. Berlin: Mouton de Gruyter.
Kubozono, H. 1990. Phonological Constraints on Blending in English as a Case for Phonology-Morphology Interface. *Yearbook of Morphology* 3, 1-20.
Kuhn, I. 2007. Abbreviations and Acronyms in Healthcare: When Shorter Isn't Sweeter. *Pediatric Nursing* 33-5, 393-398.
Lappe, S. 2007. *English Prosodic Morphology*. Berlin and New York: Springer.
Lawson, J. and H. Silver. 1973. *A Social History of Education in England*. Methuen: New York.
Leherer, A. 1996. Identifying and Interpreting Blends: An Experimental Approaches. *Cognitive Linguistics* 7-4, 359-390.
_____. 2007. Blendalicious. In Munat, J.(ed.). *Lexical Creativity, Texts and Contexts*, 115-133. Amsterdam/Philadelphia: John Benjamins Publishing Company.
Lewis C. 2003. *Through the Looking Glass*. Minneapolis: Angelica Shirley Carpenter.
Marchand, H. 1969. *The Categories and Types of Present-Day English Word-Formation*. Tuscaloosa: University of Alabama Press.
Marckwardt, A. and R. Quirk. 1964. *A Common Language: British and American English*. London: Cox and Wyman.
McCully, C. B. and M. Holmes. 1988. Some Notes on the Structure of Acronyms. *Lingua* 74, 27-43.
Melenciuc, D. and O. Constantinescu. 2009. Social-Linguistic Motivation of Forming Abbreviated and Clipped Lexical Units. *Revistă Stiintifică a Universității de Stat din Moldova* 4-24, 112-115.
Mencken, H. L. 1963. *The American Language*. abridged and ed. R. I.

McDavid. New York: Knopf.

Millward, C. M. and M. Hayes. 2011. *A Biography of the English Language*. New York: Cengage Learning.

Minkova, D. and J. Stockwell. 2001. *English Words*. Cambridge & New York: Cambridge University Press.

Mirabela, P. A. and S. M. Ariana. 2009. The Use of Acronyms and Initialisms in Business English. *The Journal of the Faculty of Economics* 1-1, 557-562.

New, D.A. 1985. *History of the Deseret Alphabet and Other Attempts to Reform English Orthography*. Ph.D. dissertation at Utah State University.

Ormrod, J. E. and L. Jenkins. 1989. Study Strategies for Learning Spelling: Correlations with Achievement and Developmental Changes. *Perceptual and Motor Skills* 68, 643-650.

Parakh, P., P. Hindy and G. Frycher. 2011. Are We Speaking the Same Language?: Acronyms in Gastroenterology. *The American Journal of Gastroenterology* 106, 8-9.

Paxton, J. 2003. *Dictionary of Financial Abbreviations*. Firzroy Bearborn.

Plag, I. 2003. *Word-Formation in English*. Cambridge: Cambridge University Press.

Rollings, A. 1998. Marking Devices in the Spelling of English. *Atlantis* XX(1), 12-143.

Santo, G. 2006. Acronym Addiction. *IEEE Spectrum*. October. 28-33.

Scragg, D. 1974. *A History of English Spelling*. Manchester: Manchester University Press.

Soudek, L. I. 1978. The Relation of Blending to English Word-Formation. Theory, Structure, and Typological Attempts. In Dressler, W. and E. Meid(eds.). *Proceedings of the Twelfth International Congress of Linguistics*, 462-466. Vienna.

Stockwell, R. and D. Minkova. 2001. *English Words: History and Structure*.

Cambridge: Cambridge University Press.

Sweet, H. 1885. *History of English Sounds*. Oxford: Trübner & Co.

Tagliamonte, A. and Denis, D. 2008. Linguistic Ruin? LOL! Instant Messaging and Teen Language. *American Speech*. 83-1, 3-34.

Tournier, J. 1985. *Introduction Descriptive à la Lexicogénétique de L'anglasi Contemporain*. Paris-Geneve, Champion-Slatkine.

Veisvergs, A. 1999. Clipping in English and Latvian. *Poznań Studies in Contemporary Linguistics* 35, 153-163.

Venezky, R. L. 1979. From Webster to Rice to Roosevelt: the Formative Years fro Spelling Instruction and Spelling Reform in the US.A. in Frith (1979) pp. 9-31.

Williams, R. 2012. Is Texting Damaging Our Language? http://www.psychologytoday.com/blog/wired-success/201207/focroflol-is-texting-damaging-our-language-skills.London

Yavas, M. 2011. *Applied English Phonology*. New York: Wiley-Blackwell.

<사전>

The American Heritage Abbreviations Dictionary. 3rd ed. 2007. Boston: Houghton Mifflin Company.

The Longman Contemporary Dictionary of English. http://www.ldoceonline.com

The Oxford English Dictionary. http://www.oed.com

Dictionary.Com. http://dictionary.reference.com

<웹싸이트>

2장

http://www.ualberta.ca/~sreimer/ms-course/course/punc.htm

http://www.hit.uib.no/mufi/proposal/range6-v2.html

http://www.wmich.edu/medieval/resources/IOE/mss.html
http://www.omniglot.com/writing/oldenglish.htm
http://www.ancientscripts.com/oldpersian.html

4장

http://en.wikipedia.org/wiki/American_and_British_English_spelling_differences
http://www.diffen.com/difference/American_English_vs_British_English
http://www.spellzone.com/pages/british-american.cfm
http://oxforddictionaries.com/words/british-and-american-spelling
http://www.studyenglishtoday.net/british-american-spelling.html

5장

http://www.bostonglobe.com/ideas/2011/10/15/totes-presh
http://en.wikipedia.org/wiki/List_of_English_apocopations
http://en.wikipedia.org/wiki/Hypocorism#English
http://www.wto.org/
http://www.nyc.gov/html/nypd/html/home/home.shtml
http://read-foundation.net/about/
http://dropeverythingandread.com/
http://oxforddictionaries.com/words/abbreviations
http://en.wikipedia.org/wiki/Acronym_and_initialism
http://www.federalnewsradio.com/?nid=88&sid=2185880
http://www.fas.org/news/reference/lexicon/acc.htm
http://www.dtic.mil/doctrine/dod_dictionary/?zoom_query=civy&zoom_sort=0
&zoom_per_page=10&zoom_and=1
http://en.wikipedia.org/wiki/List_of_U.S._government_and_military_acronyms
http://www.dogbreedinfo.com/miniaturepoodle.htm

6장

http://www.clas.ufl.edu/users/rthompso/englishspelling.html.
http://slodive.com/freebies/texting-symbols/
http://www.mob1le.com/sms.html
http://www.webopedia.com/quick_ref/textmessageabbreviations.asp
http://www.ted.com/talks/john_mcwhorter_txtng_is_killing_language_jk.html
http://www.yourdictionary.com/library/misspelled.html.
http://www.commonlymisspelledwords.org.
http://grammar.yourdictionary.com/spelling-and-word-lists/misspelled.html
http://www.mirkovelimirovic.com/x/2013/02/08/this-is-a-fascinating-test-of-x/

찾아보기

BBC   132, 136, 148
<ie>규칙   173, 179
IPA   62, 145, 146, 147, 148, 150
SMS   129, 154

ㄱ ----------------------

간섭현상   167
강세   9, 10, 27, 35, 36, 74, 84, 85, 97, 104, 115, 116, 134, 147, 148
겹자음   46, 47, 173
겹철자   84, 85
고대영어   24, 26, 27, 28, 29, 30, 32, 33

ㄴ ----------------------

내포혼성어   115
노아 웹스터   11, 52, 54, 55, 56, 71, 72, 75, 77, 78

ㄷ ----------------------

도형 알파벳   25, 26
동음이의어   9, 56, 63, 172
두겹글자   27, 29, 30

ㄹ ----------------------

로고그램   156, 157, 162
로만 알파벳   24, 25, 26, 43, 44, 54, 61, 146, 147, 150, 172

루이스 캐럴   106, 107, 108, 115, 158
룬   24, 25, 26
리버스   157, 158

ㅁ ----------------------

멋내기 재철자   38, 39, 40
모음대추이   11, 30, 35, 36
묵음   7, 8, 27, 28, 37, 38, 43, 53, 56, 173
묵음 <e>   7, 8, 47, 82, 83, 173
문자메시지   151, 152, 153, 154, 155, 156, 157, 160, 161, 162, 163, 164, 165, 166, 167, 168
문장부호   27, 28, 34, 40, 63, 130, 147, 156, 167
미국영어   11, 53, 56, 71, 72, 73, 74, 75, 76, 77, 79, 80, 81, 82, 83, 84, 86, 88, 89, 143, 171, 172
미국철자개혁협회   56, 63
미늬글자   31, 32

ㅂ ----------------------

발음대로 철자하기   141, 142, 143, 144
백크로님   136, 137, 138
벤자민 프랭클린   54, 55, 56
복합어   96, 97, 98, 99, 108, 109, 111, 158
비강세음절   9, 10, 72, 74, 116

참고문헌 • 201

비중첩혼성어   113

ㅅ

사무엘 존슨   48, 49, 51, 71, 72
세계 공용어   66, 187, 191
소셜 네트워크 시스템   153, 155
속기체계   59, 60
시카고 트리뷴   58, 59, 144
식자율   53, 54
신철자   60

ㅇ

애크로님   130, 131, 132, 133, 135
앤드류 카네기   57, 58
약어   93, 119, 120, 121, 122, 123, 124, 125, 126, 127, 128, 129, 134, 135, 136
영국영어   11, 53, 71, 72, 73, 74, 75, 76, 77, 78, 79, 80, 82, 83, 84, 85, 86, 88, 89, 171, 172
영어철자개혁협회   56, 63
영어철자학회   65
옥스퍼드 철자   78, 79
용인발음   149
유로잉글리시   188, 190
은어   100, 122
음소문자   4, 11, 13, 14, 21, 43, 44, 45, 63, 141
음절문자   20
이니셜리즘   120, 132, 133, 134, 135, 136
이모티콘   157, 164, 166
인쇄술   11, 34, 35, 37, 43, 191

ㅈ

자르기   94, 96, 97, 108, 110, 160, 161, 162, 164
잘라 합치기   106, 108, 112
절단복합어   97, 111
절단어   93, 94, 95, 98, 99, 101, 102, 103, 104, 105, 106
정음학자   45
조나단 스위프트   48, 95
조지 버나드 쇼   61, 62
중세영어   8, 11, 28, 29, 30, 33, 34, 36
중첩   110, 113, 114, 117
중첩혼성어   113
지구어   187, 188
짧게쓰기   160, 162, 164

ㅊ

차용(어)   6, 8, 11, 15, 29, 34, 38, 46, 49, 50, 72, 73, 74, 76, 78, 171, 174, 175, 179
철자개혁   15, 45, 46, 48, 53, 54, 59, 63, 64, 65, 66, 142, 151, 188, 190, 191
철자단순화(운동)   59, 63, 144
철자단순화이사회   57, 58, 143
철자단순화협회   59, 60, 61
철자대로 발음하기   37, 38, 142
철자로 발음 표기하기   144, 147, 148, 151
철자(습득)전략   179, 180
철자오류   141, 168, 169, 171, 172, 173, 174, 175, 176, 177, 178, 179, 180, 181

첫 글자 모아쓰기　119, 158, 159, 160, 164
초기현대영어　35, 36, 37, 38, 40, 45, 72
초서　46
출처어　96, 98, 100, 101, 104, 113, 117

ㅋ ------------------------

캑스턴　35

ㅌ ------------------------

텍스팅　143, 151, 153, 155, 163, 166

ㅍ ------------------------

파닉스　180
표기규칙　67
표의문자　20
표준영어　44, 49
프랑스어 철자법　29, 30
프랭클린 루즈벨트　57, 58, 128
필경사　7, 11

ㅎ ------------------------

학술원　48, 49
혼성어　93, 97, 106, 107, 108, 109, 110, 111, 112, 113, 114, 115, 116, 117, 118, 119

영어 철자의 세계

초판인쇄 2014년 8월 15일
초판발행 2014년 8월 20일

지은이 문안나 · 김명숙
펴낸이 김 진 수
펴낸곳 **한국문화사**
등   록 1991년 11월 9일 제2-1276호
주   소 서울특별시 광나루로 130
서울숲IT캐슬 1310호
전   화 (02)464-7708 / 3409-4488
전   송 (02)499-0846
이메일 hkm7708@hanmail.net
홈페이지 www.hankookmunhwasa.co.kr

책값은 뒤표지에 있습니다.

잘못된 책은 바꾸어 드립니다.
이 책의 내용은 저작권법에 따라
보호받고 있습니다.

ISBN 978-89-6817-152-9 93740

이 도서의 국립중앙도서관 출판시도서목록(CIP)은 e-CIP 홈페이지
(http://www.nl.go.kr/cip.php)에서 이용하실 수 있습니다.
(CIP제어번호: 2014023769)